이미 와 있는
미래2 더넥스트

이미와있는 미래2 더넥스트

크레이그 맥클레인 지음
이우현 감수

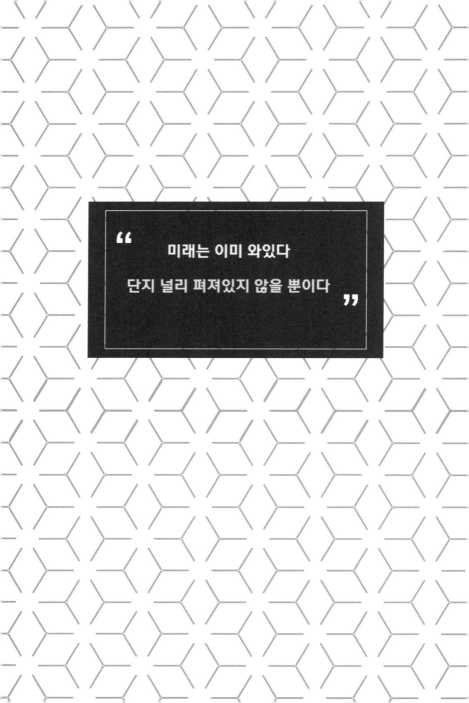

"
미래는 이미 와있다

단지 널리 펴져있지 않을 뿐이다
"

내 인생의 가장 훌륭한 시는 아직 쓰이지 않았다.
가장 아름다운 노래는 아직 불리지 않았다.
최고의 날들은 아직 살지 않은 날들
가장 넓은 바다는 아직 항해되지 않았고
불멸의 춤은 아직 추어지지 않았으며
가장 빛나는 별은 아직 발견되지 않은 별.
무엇을 해야 할지 더 이상 알 수 없을 때
그때 비로소 진정한 무엇인가를 할 수 있다.
어느 길로 가야 할지 더 이상 알 수 없을 때
그때가 비로소 진정한 여행의 시작이다.

_나짐 히크메트 Nazim Hikmet
진정한 여행 A True Travel 中

청춘을 열정역에 정차한다는 것! 당신의 미래가 더 나아지는 첩경일 것이다. "Beat With Passion"

Vera Ahan(픽사 Pixar Animation Studios)

미래의 흐름에 어떻게 대처해야 좋을지, 어떻게 나를 변화시켜야 할지에 대해 '열정'이라는 키워드를 바탕으로 미래를 또 다른 경제적 시각으로 생각하게 한다. 나의 안목을 높이는 시간을 선사해 준 선물 같은 책이다.

정진영(우리은행 상계지점장)

미래는 즐거운 현재이고, 바로 그것은 행복한 미래의 열정역으로 연결됩니다. 열정으로 미래를 준비하고자 할 때, 현실을 저당 잡혀 '엉뚱한 방향으로 살고 있는' 모든 사람들에게 이 책을 권합니다.

신윤선(대한민국 '열정' 여성 산악인)

지금까지의 가치관과 관점으로는 제4차 산업혁명을 대비할 수 없다. 이 책은 미래 대응 전략을 찾고자 하는 모두에게 현 세계를 부감(俯瞰)하고 미래를 예측하는 안목을 길러줄 것이다.

김동완(전 국회의원)

새로운 패러다임을 선보이는 놀랍고도 독창적인 자기계발서다. 미래의 위기를 4차 산업혁명과 열정으로 승화시킨 내용은 선입견을 완전히 깨부수며 새로운 관점을 선사한다.

김경식(감정평가사협회 대표)

미래를 겨냥한 한정된 이야기가 아니다. 미래는 물론 현재를 살아가는 데에도 저자의 표현처럼 자신만의 '열정역'을 갖는 것은 중요하다. 20, 30대를 비롯하여 40, 50대가 꼭 알아야 할 미래의 전반을 아우르는 공감 가는 이야기다.

최창훈(성남 금산초등학교장)

4차 산업혁명에 관해 물리학, 경영학, 경제학, 미래 인류학까지 파고들어 전반적인 인문서의 형식으로 핵심적이면서도 깊이 있게 보여준다. 미래의 변화가 우리에게 닥칠 영향에 대한 지식인들과 기업인들의 분석을 쉽게 서술해 이해도가 높다.

이종환(국민대학교 레저산업학부 교수)

세상 밖으로 나가는 문을 찾을 수 있도록 열망과 열정으로 기도하라. 나를 살리고 단련하며 축복의 통로가 되게 하는 말씀!

곽호경(대한기독교 나사렛 교회 목사)

점점 사라져가는 이 시대의 열정은 젊은 청춘 홍승훈과 융합하여 최고의 열정역으로 우리 앞에 나타났다. 다가오는 미래에는 '행동하는 열정'이라는 발상의 전환이 필요하다는 것, 그 대응 전략까지 이 책은 제시한다.

박윤신(전 SBS 아나운서)

왜 인간은 비슷한 능력을 가지고도 다른 성공의 모습을 갖는가? 그것은 열정이 있고 없고의 차이다. 당신을 위해, 당신이 사랑하는 사람을 위해 꼭 이 책을 읽어보길 권한다.

오민주(맘스라디오 〈예지맘의 괜찮아〉 MC)

이 책은 다소 생소한 '자기 계발서'로 경제학 전문 서적처럼 미래를 예측하고 대비하는 전략이 함께 들어 있다. 미래의 변화될 사회상을 사진들과 함께 볼 수 있어 재미도 있다. 현재가 아닌 미래적 관점에서 '열정'이 자신의 앞날을 얼마나 더 잘 준비할 수 있게 해주는지를 말해준다. 삶의 지혜까지도 모색할 수 있을 것이다.

이정기(성남 금융고등학교 교사)

미래에 인간이 진정으로 추구해야 하는 것이 무엇인지를 생각해 보게 한다. 소리 없이 다가오는 변화에 대응해 내면을 열정으로 채워 딜레마에 빠지지 않도록 돕는 미래의 학습 노트로 삼기에 충분하다.

서영배(인천 천마초등학교 교사)

20대가 느끼기에 추상적이고 어려운 이야기도 있지만, 앞으로의 인공지능과 연계된 부분에서는 미래의 사업 기회를 찾으라는 조언으로 들렸다. 저자가 제시한 여러 가지 예시를 통해 미래 변화의 양상을 다양한 측면으로 예측해 볼 수 있다. 4차 산업혁명의 도래라는 막연한 불안감을 갖기보다는 앞으로 내가 할 수 있는 일이 무엇인지 찾는 데에 도움이 될 것이다.

이다혜(법률사무소 혜문 변호사)

뒤쳐지지 않는 자신이 무엇으로 만들어지는지를 생각하게 만든다. 앞으로 변화할 사회의 모습들이 핵심 키워드로 잘 정리되어서 오히려 미래에 많은 기대감을 갖게 된다.

이정아(경기도 도서관 사서)

미래의 경제 문제는 어쩌면 먼 나라의 다른 이야기처럼 들릴지 모르지만, 당장 내가 10년 뒤 처할 일자리 문제만큼은 다른 사람의 문제가 아닌 나의 문제이다. 정확하게 현황을 이해하고, 내년 그리고 5년 뒤를 위해 열망과 열정을 더한 혜안을 가지도록 행동하는 학습이 필요한 시기에 읽기 적절하다.

권현구(잡코리아 사업지원팀 과장)

쉴 틈 없이 일하면서 노력하는 나에게 20년 내 지금 있는 직업의 약 47%가 사라질 가능성이 크다는 작가의 메시지는 급격하고 심각한 변화를 가져다주었다. 이 책은 우리에게 미래를 어떻게 맞을지 준비하도록 강요하고 있다. 내 마음의 열정역을 만드는 계기가 된다.

김성원(SK건설 마케팅팀 대리)

최근 이슈가 되고 있는 사물인터넷, 3D 프린터, 빅데이터, 드론, 스마트카, 무인 자동차, 인공지능 등이 눈부시게 발전하는 것이 실로 몸으로 느껴진다. 인공지능이 인간을 이기며 대체되는 순간에 대비해 이제 정말로 인간이 무엇을 준비해서 살아남아야 하는지 느낄 수 있다.

유아영(디어리스트 쥬얼리 대표)

20년 뒤 나는 어디에 서 있을까? 늘 고민하고 있는 요즘이다. 인공지능과 로봇이 현실이 되어버렸다는 것을 인정할 수밖에 없는 제4시대에서 이 책은 우리가 어떻게 달라져야 하는지 대안을 알려주는 양서로 사람들 머릿속에 오래 기억될 것이다.

장호철(광고기획사 대표)

청춘이여, 열정역으로 가라!

1차시대의 증기, 2차시대의 전기, 3차시대의 IT, 이제 다가올 제4차시대의 융합까지 그동안 인류는 시대의 변화에 따라 대응점을 찾아 세워왔다. 융합의 바람은 더 거세질 것이고, 아무도 그 시간은 확실히 예측하지 못한다. 그러기에 당신만의 대응 전략은 꼭 필요하다.

4차 산업혁명은 2016년 1월 스위스 다보스에서 개최한 세계경제포럼(World Economic Forum, WEF)의 최대 화두로 떠오른 이후 전 세계의 최고 관심사가 되었다.
4차 산업혁명은 이미 시작되었다. 과거의 1, 2, 3차 산업혁명과는 달리 기하급수적인 속도로 빠르게 진행되고 있으며, 불과 몇 년 후면 인간을 넘어서는 완전체 슈퍼컴퓨터 인공지능이 등장할 것이다. 우리가 미처 변화의 낌새를 알아채기도 전에 국가와 기업 그리고 개인의 운명들은 송두리째 바뀌게 된다. 인공지능(AI), 로봇, 3D프린팅, 사물인터넷(IoT) 등 4차 산업혁명의 신기술이 보다 널리 활용되면 전통적인 제조업에 의존하던 국가는 몰락하고, 부가가치가 낮은 산업은 곧 쇠퇴한다. 그리고 현존하는 직업들도 지금의 절반 이상이 사라질 것이다.

그렇다면 당신은 미래의 삶에 대해 얼마나 생각해 보았는가? 이러한 변화의 시대를 맞이해 당신의 대응 전략은 무엇인가? 미래의 성공적인 삶에 대한 명확한 비전 없이 2027년까지 지금의 조직에서 그저 더 근무하고 싶다는 생각만을 하고 있지는 않은가?
그래야 아이들과 아내에게 창피할 일도 없을 테니 말이다.
그런데 나는 이것이 당신의 진심은 아니라 생각한다.
나 역시도 내가 가장 빛날 수 있는 순간이 언제일지 모른 채 이미 43년이라는 세월을 소비했다. 하지만 남아 있는 시간을 포기하지 않고 지금보다 더욱 가치 있게 만들고 싶다는 생각을 늘 하고 있다.

어느새 우리 앞에 다가와 있는 4차 산업혁명은 우리가 꼭 한 번 이야기해야 하는 주제이다.

그래서 머지않은 미래를 함께 생각하고, 무엇을 가지고 어떻게 준비하는 것이 좋을지 대응 전략을 함께 고민해 보고자 한다.

7장에 걸친 각 주제의 이야기들은 다른 사람이 아닌 나의 이야기이자 나와 함께 이 시대를 살아가는 내 동료와 후배들에게 던지는 미래 학습 노트가 될 수 있으리라 믿는다.

증기기관을 통한 기계적 혁명으로 시작된 1차 산업혁명부터 전기의 힘을 이용한 대량생산의 시작인 2차 산업혁명 그리고 컴퓨터의 개발과 발전으로 시작된 자동화 산업인 3차 산업혁명에 이어 4차 산업혁명은 데이터와 소프트웨어 발전을 통한 기계와 제품의 자동화와 지능화 즉 융합의 시대이다. 그 실태를 명확하게 가늠하거나 나누기 어려운 기계와 제품의 합체 단계로 즉 '융합의 완전체'로 발전해 나가는 것이다.

쉽게 예를 들자면 인공지능을 떠올리면 된다. 컴퓨터가 가지고 있는 데이터를 분석하여 사람들에게 알맞은 제품을 만들거나 추천하고 스스로 변화해 가는 형태의 산업시대가 바로 4차 산업시대, 제4시대 혁명인 것이다.

영화의 소재로만 등장했던 인공지능 컴퓨터가 넘을 수 없다고 생각했던 영역을 점점 허물기 시작하고, 인간만의 영역인 '생각하는 능력'의 경계선까지도 허물어트리고 있다. 제4시대의 인공지능은 사람보다 빠른 계산 능력, 데이터 처리 능력으로 많은 일을 담당하는 것은 물론이고 창작 예술의 분야까지도 점점 영역을 넓혀가고 있다. 로봇이 대신해주는 일이 늘어나면 편리해지겠지만, 그 업무를 하던 사람들은 당장 일자리를 인공지능에게 넘겨줘야 하는 상황이 발생되고 있어 우려의 목소리가 적지 않다.

세계경제포럼이나 많은 유수의 대학에서는 향후 8년 안에 인공지능(AI) 로봇이 노동 근로자 업무의 70%를 대체할 수 있다는 연구 결과를 발표했다.

한국고용정보원에서도 2016년 6월부터 9월 사이에 인공지능 로봇 전문가 21명을 대상으로 한 설문 조사에서 같은 결과를 얻었다고 방송을 통해 밝혔다.

국내외 많은 전문가들은 2025년경에는 청소원이나 주방보조원 같은 단순 노동직은 완전히 사라질 것으로 전망하고 있다. 미래의 노동력이 인공지능 로봇으로 대체될 확률이 100%라는 것이다.

사람의 업무 능력을 100%로 볼 때 현재 인공지능의 평균 업무 수행 능력은 사람 대비 12.5%라고 한다. 이 능력치는 인공지능이 발전하면서 2020년에는 41.33333%, 2025년에는 70.6%로 올라갈 것으로 전망하고 있다.

그러나 나는 이 한 가지만큼은 확신한다.
바로 당신이 가진 '열정'을 잃지만 않는다면 변화로 인한 우려의 삶이 기다리는 시간 속에서 당신은 스스로를 매력적으로 변화시킬 수 있을 것이라는 사실이다.
(Passion Makes You Attractive)

미래의 삶을 성공적으로 준비하기 위해 우리 삶에 반드시 빠져서는 안 될 중요한 핵심어는 '열정(passion)'이다. 미래 사회에서도 단연코 가장 으뜸 되는 삶의 기본 수칙일 것이다. 이를 어떻게 수반시켜 자신만의 미래를 만들어 가야 하는지를 당신과 함께 학습하며 이야기해 나가고자 한다.

세계는 여전히 깊은 불황의 조짐이 계속 반복되고, 금융 시장은 불안하다. 예측이 어려운 환경 재앙에 계속되는 서브프라임 위기, 대형 투자은행의 연이은 부도까지 세계정세는 초비상 사태로 해석되고 있다.
이제 우리 턱밑까지 와 있는 4차 산업혁명은 우리에게 기대감도 주지만, 가혹한 인류의 비판으로 좋지 않은 소식들이 하루가 멀다 하고 우리에게 우려로 전해지고 있다.

이런 모든 일련의 상황들은 다가올 우리의 미래에 대한 불확신, 낙관보다는 비관이 주를 이루는 분위기를 형성하고 있다.

우리는 이에 대한 해답을 찾아보아야 한다. 4번째로 천지가 바뀌는 미래의 어느 날에서야 그 답을 찾으려고 준비하고자 하면 안 될 것이다.

변화는 이미 우리들 곁에 슬그머니 다가와 저 혼자 진행 중이다.

위기는 곧 기회이다.

당신이 제4시대 대응 전략을 갖는다면 당신의 미래는 다르게 펼쳐질 것이다.

일단은 나부터 배우고 달라진다는 마음으로 이 상황을 체크하고 준비하여야 한다. 그에 맞는 변화 전략을 스스로 알아내어 주변의 가족, 친척, 지인들에게 소리 높여 외쳐야 한다. 현재를 살아가는 우리는 급변이 아닌 진화라는 관점에서 미래를 준비해 나가야 한다. 당신은 얼마든지 현재로부터 미래의 모습을 유추해 자신의 가정에서부터 직장으로까지 전략을 준비할 수 있다.

당신이 기본적으로 기억하고 준비해야 할 것은 이미 오래전에 숨어버린 당신의 뜨거운 '열정'을 깨워 가야 하는 과제가 남아 있을 뿐이다.

나는 현재의 기준에서 벗어나 당신과 미래의 모습을 전망하고 그 준비 과정을 함께 이야기로 풀어 보고자 한다.

미래전문가들의 책은 이미 우리 주변에 많이 출간되어 있다. 그들의 이론에 더해 조금은 어려운 이론과 경제, 정치, 직업 등 전문적인 관점을 논하거나 설명할 생각은 없다. 다만 세대를 가리지 않고 모두에게 미래의 모습과 대응책을 쉽게 전달해주고 싶은 마음이다. 일시적인 유행처럼 바뀜에 대해 예언하는 변화로의 설명이 아닌, 이론적 논제나 사실에서 벗어나 그런 시대가 오고 있다면 진정 무엇을 가지고 자신만의 영향력을 발휘해 나아갈 수 있을지를 이야기하려고 한다. 그 해법들을 나열해 함께 찾아보고, 당신이 가진 절대 무기인 '열정' 속에 숨어 있는 가능성들을 트렌드로 제시하고 파악하여 당신의 변화 대응 전략을 돕고자 한다. 다가올 시대를 대비해 지금의 나는 어떤 행동을 취하는 게 맞는 것인가를 함께 고민하고 풀어 나갈 것이다.

지금부터 당신의 어떤 현상을 버리고 갈 것인지의 관점에서부터 미래를 전망하며 그 기준에 맞춰 새롭게 준비하고자 한다. 더불어 동시대의 다른 사람들이나 전문가들의 경험을 통해 판단 등을 나열해 볼 것이다.

현재 일어나는 복잡한 현상들 가운데 유행으로 끝날 것이 아니라 미래 당신의 미래 모습까지 지속적으로 영향을 주게 될 주요 전략 혹은 트렌드를 선택 분류해 전달하고자 한다. 그리고 각 현상들의 앞으로 진행될 모습을 개관하고, 미래의 변화에 대비하기 위해 우리에게 가장 필요한 것이 무엇인지 예측하며 대응방식까지 나열하려 한다.

만일 이것을 당신 것으로 습득해 완성해 나간다면 그 노력은 미래의 당신에게 큰 역할과 행복을 부여할 수 있을 것이다.

이 책의 전체 장은 크게 일곱 가지 부분으로 정리했으며, 10년 뒤 세상을 바라보고 그 시간을 행복하게 살아가기 위한 목표를 소분류로 나누었다. 내가 선택하고 이야기하는 주요 변화 현상을 반드시란 단어로 국한시키지 않도록 검증하여 나와 당신에게 질문을 함께 던지며 전망의 시간대를 예측해 나갈 것이다.

20세기가 낳은 미래학자 폴 존스Paul Jones는 "미래의 궁금증과 어떤 주제를 체계적으로 알기를 원한다면 의도를 갖고 함께 공부해 나가는 게 유일한 방법"이라고 했다.

책을 쓰는 사람들은 저마다 다양한 이유가 있겠지만, 나 역시 겪을 미래의 변화를 함께 공부하고자 하는 마음으로 이 책을 기획하였다. 시대의 변화를 이야기하는 다른 책들처럼 또 한 권의 같은 맥락을 가진 책을 쓰고 싶지는 않다. 나에게는 그 어떤 이유보다 그저 미래에 대한 궁금증이 컸고, 그 궁금한 주제를 함께 풀어 나가고 싶었기 때문이다. 수많은 이론 중 다른 사람의 의견을 통해서가 아니라 내게 맞고 보다 쉬운 이론 정리를 통해 미래 대응 전략을 함께 준비하고 싶었기 때문이기도 하다.

2027년이면 나는 환갑을 바라보는 나이가 되어 있을 것이다. 그러기에 미래에 대해 준비해야 했고, 내가 무엇을 더 충실히 준비해야 할지 알고 싶었다.
이 글을 읽는 많은 분들이 다른 사람의 '학습 노트'를 읽는 기분으로 읽어주기를 바란다.
그러면 여러분의 삶의 미래 대응 전략 준비에 도움이 될 수 있을 것이라 확신한다.

4차 산업혁명의 사전적 개념
: 제4시대 산업 생태계 변화

정보통신기술(ICT, Information and Communications Technologies)의 융합으로 이뤄지는 차세대 산업혁명. 인공지능, 로봇기술, 생명과학이 주도하는 차세대 산업혁명을 말한다. 로봇이나 인공지능(AI)을 통해 실재와 가상이 통합되어 사물을 자동적, 지능적으로 제어할 수 있는 가상 물리 시스템의 구축이 기대되는 산업상의 변화를 일컫는다.

1969년
인터넷이 이끈 컴퓨터 정보화 및
자동화 생산 시스템이 주도한
3차 산업혁명

03

1870년
전기를 이용한
대량생산이 본격화된
2차 산업혁명

02

1784년
영국에서 시작된 증기기관과
기계화로 대표되는
1차 산업혁명

01

| 차례 |

Trigger the Passion

PASSION

제1장

제4시대
"학습 노트"

아이디어가 풍부한 사람이
되기 위해서는
공부 즉 '학습'이 필요하다.

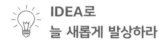

IDEA로
늘 새롭게 발상하라

경제학 고전에서 발상에 대해 이야기하는 글로 시작해 보려 한다.

한 목동이 90마리의 양을 몰고 길을 가고 있었다.

그런데 눈앞에 난데없이 강이 나타났다. 다행히 나루터가 있었고, 옆에 배 한 척이 놓여 있었다.

목동은 사공에게 강을 건너게 해 달라고 부탁했다. 사공은 강을 건너게 해 주는 조건으로 가진 양의 절반을 달라고 목동에게 요구했다.

목동은 고민에 빠졌다.

'45마리를 줘야 한다는 이야기인데….'

목동은 심사숙고 끝에 배에 양을 태워 강을 건넜다.

사공에게는 양을 30마리만 건넸다. 발끈하는 사공에게 목동은 이렇게 말했다.

"강을 건너는 양의 절반을 달라고 했죠? 저는 60마리만 태웠으니 30마리만 드리면 되는 것 아닌가요? 당신이 가져야 할 30마리는 건너편 저기에 있습니다."

혹시 살면서 이 이야기처럼 끔찍한 손해를 볼 뻔한 위기에 처한 적은 없었는가?

양이니 망정이지 만약 그게 900억쯤 되는 돈이었다면 어땠을까?

목동이 기지를 발휘해 창의적인 사고를 하지 못했다면 아마 큰 손해를 입었을 것이다.

미래에는 당신의 환경, 직업, 가치관 등의 절반 이상을 뺏길지 모른다.

당신에게 이야기할 첫 번째 제안은 바로 변화에 대비한 당신만의 IDEA를 갖는 것이다.

나는 이 아이디어를 곧 '열정'이라 말하고 싶다.

곧 다가올 미래의 직장과 사업에서 해결해야 하는 첫 과제는 창의적인 아이디어를 갖추는 것이다.

이것은 누구도 부인 못할 사실이다. 톡톡 튀는 아이디어를 내놓기란 결코 쉬운 일은 아니겠지만, 반면에 누구나 노력하면 아이디어맨이 될 수 있다.

가장 먼저 당신이 해야 할 것은 여러 아이디어를 수집하는 것이다. 자신이 맡고 있는 현재 분야 또는 당신이 관심 있는 분야의 아이디어를 모으라는 것이다.

일본 소프트뱅크 손정의 회장은 이런 방법을 썼다.

여러 장의 카드에 관심 있는 단어 하나씩을 쓴 뒤 섞는다. 그리고 이어 카드 두 장을 뽑는다.

예컨대 '자동차'와 '커피'라는 카드를 뽑았다고 하자. 두 단어를 조합해 본다.

'자동차(車)'가 '자동차(茶)'가 될 수 있다. "운전자를 위한 테이크아웃 커피 사업을 하면 어떨까?"와 같은 고민을 해 보는 것이다.

만약 '비행기'와 '자전거'가 나왔다면 어떨까? '자전거 비행기' 혹은 '비행기 자전거'를 떠올려볼 수 있다. 이어 "자전거를 타고 하늘을 날면 어떨까?"로 사고 영역을 넓힐 수 있어야 한다. 그러다 보면 그 유명한 영화 〈E.T.〉의 달 속 자전거 비행 장면에 버금가는 아이디어가 당신에게 떠오를 수도 있을 것이다.

이렇게 사고의 전환 등으로 아이디어를 모은다면 미래의

당신은 스티븐 스필버그_{Steven Spielberg} 감독과 같은 반열에도 충분히 오를 수 있다.

미래의 모든 아이템들은 바로 이런 아이디어에서 나오는 것이라 말할 수 있을 것이다.

광고 회사의 카피라이터는 카피 하나를 뽑기 위해 날밤을 지새운다. 우리가 아무 생각 없이 보고 듣는 광고 카피는 거의 모두 그러한 노력에 의해 탄생하고 만들어진다.

지금의 주위를 둘러보라. 당연한 듯 보이는 수많은 사물들이 과거에서부터 실은 누군가의 노력, 고민과 창의력으로 하나하나 만들어진 산물들임을 알 수 있다.

미래의 비즈니스의 아이템들도 이런 노력과 아이디어에서 나올 것이 분명하다. 기존 시장에 뛰어드는 것보다 차별화된 발상으로 승부를 하는 것이 성공할 가능성이 높다.

창의적인 아이디어 하나면 미래에서도 충분히 블루오션 시장을 노릴 수 있을 것이다. 지금까지 바뀌어 온 성공 흐름의 관건도 바로 시대에 맞는 사고와 차별화된 아이디어였던 것처럼 말이다.

당신의 머릿속을 새로운 발상으로 가득 채워야 한다.

어떠한 문제에 부닥쳤을 때, 당신은 과거의 변화가 있었던 시점에 아이디어 고수들이 내놓았던 갖가지 묘수를 떠올려보고 찾는 습관을 가져야 한다.

이것을 습관화하기 위해 노력하다 보면 어느새 응용력이 생겨서 자연스럽게 자신만의 독창적인 아이디어가 분명히 샘솟을 것이다.

세상에는 유난히 반짝거리는 고수들이 많다. 나 역시도 그런 고수들의 독창적인 아이디어나 명언을 찾아 새기고 있다.

내가 생각하는 '깨어 있는 별'들 중 단연 최고봉은 현재 중앙일보 고문으로 계시는 이어령 박사님이다. 이어령 박사님은 우리나라 초대 문화부 장관을 지낸 이 시대의 지성이다.

그분이 쓰신 글들은 내가 수천 명의 사람들에게 즐겨 들려주는 레퍼토리 중 하나이기도 하다.

당신에게 평생 5백여 종의 책을 펴내면서 체득한 기획의 노하우를 한 문장으로 정리하라면 어떻게 대답할 수 있겠는가?

그분의 정답은 "많이 읽고, 많이 만나고, 많이 생각하라."이다. 난 이보다 훌륭한 답을 찾기는 불가능하다 생각한다.

여기에 특별한 노하우라는 단서를 붙인다면 나만의 기획 창고를 한번 만들어 보는 거다.

일반적으로 우리가 아는 수천 개의 창의적인 아이디어 중 단 세 개 정도만이 채택되며 결국 그 중 하나가 제품으로 만들어져 시장을 선도해 나가게 된다. 그리고 이 과정을 거쳐 나온 1백 개의 상품 중에서 고작 두세 개의 종만이 시장에서 특별한 성공작으로 평가받는다.

이어령 박사님의 책에서 읽었던 문장 하나가 지금 나의 모든 기획력을 자극하는 근간으로 남아 있다.

"행동으로 옮겨라! 틈만 나면 서점에 가라. 그 시간 속에서 꼭 필요하다고 생각하되 새로운 아이디어를 찾으면 꼭 메모하라."

당신도 이를 실천에 옮기면 지금부터 6개월 만에 약 1천 건의 아이디어를 가질 수 있다.

아이디어로 무장한 당신은 언제 어디에서나 자유로울 수 있고 어느 시대에서도 자신감을 회복할 수 있다.

당신이 변화의 노력을 통해 자신의 무기를 만들어 지닌다면 미래의 기술 습득 능력이 조금 부족하다 해도 크게 개의치 않아도 될 것이다. 당신의 부족함을 새로운 하드웨어와 AI(Artificial Intelligence) 기술이 충분히 채울 것이기 때문이다.

단지 자신이 가진 의지와 해독력을 믿으면 된다. 이는 아이디어 개발에 큰 무기로 작동할 것이며, 미래 사회를 살아가는 당신의 생존법 중 최고의 자산이 될 수 있을 것이다.

당신을 위한 아이디어 발상 법칙을 한번 나열해 보고자 한다.

지금 실체화시킨 발상 법칙은 그저 내가 깨달은 것들이기 때문에 거듭 강조하지만 어떤 전문가에 의해 과학적으로 검증된 답을 원한다면 가차 없이 지금 이 책을 덮어도 좋다.

첫 번째는 아이디어를 습관적으로 떠올려 보는 것이다.

쉬운 듯 보이지만 톡톡 튀는 아이디어를 내는 것은 여간 힘들지 않다.

이 때문에 아이디어가 많은 사람이 신기해 보이며, 보통 사람과 다른 부류라고 평가받는 것이다.

아이디어가 풍부한 사람이 되기 위해서는 공부 즉 '학습'이 필요하다. 가장 빠른 길은 남들이 내놓은 아이디어를 열심히 모방하는 일이다.

재료가 머릿속에 축적되고 충분히 숙성되면 생각은 자연스럽게 많아질 수밖에 없다. 남의 아이디어를 통해 축적한 방법이라도 쌓는 습관을 들이기 시작하면 어려운 문제가 닥쳐왔을 때 "무슨 방법이 있을 텐데. 좋은 아이디어가 있을 거야!"라고 자신도 모르게 밴 습관이 희망적이고 긍정적인 생각을 만들어 줄 때가 많다. 그리고 점차적으로 생각이 꼬리를 물고 이어지면서 어느 순간 당신만의 아이디어가 떠오르기 시작한다.

처음엔 별 볼일 없는 아이디어였지만, 그것이 긍정적 생각과 열정이 더해지면서 정말 찾던 참신한 아이디어가 되는 예가 더 많다.

내 후배 한 명이 그랬다. 나와 새로운 발상에 대해 이야기를 많이 나누던 친구였는데, 어느 날부터 갑자기 아이디어맨이 되었다. 틈만 나면 전화해서 "이 아이디어 정말 대단하지 않아요?"라며 설명을 늘어놓기 일쑤였고, 문제점을 조목조목 짚어주면 이내 실망해 풀이 죽기도 했지만 그때마다 그의 신선하고 엉뚱한 아이디어들은 나에게 신기한 가능성으로 보일 때가 많았다.

"그래, 그러다 보면 언젠가 나에게 곧 좋은 발상이 떠오를 거야. 스스로 큰 기회의 옥석을 가릴 수 있게 될 거야."라는 긍정의 힘이 아닐까 한다.

누구든 첫 단계는 이처럼 수많은 생각이 교차하는 카오스의 단계일 것이다. 그러다 곧 문득 기발한 아이디어가 섬광처럼 반짝이는 때가 오고, 누가 봐도 괜찮은 비즈니스나 생활 아이템 탄생으로 완성이 된다.

하지만 이것은 아직 첫 번째 단계일 뿐이며 이를 실체화하려면 두 계단을 더 올라가야 한다.

두 번째 단계는 떠오른 아이디어를 가지고 프로젝트 모델을 짜는 일이다.

아이디어는 그럴싸하지만 대부분 수익이라는 모델이 없는

경우가 많다. 중요한 비즈니스 모델을 세우는 것과 관련된다면 수익성과 그에 관련된 시장성을 알아야 하고, 돈 버는 구조를 파악해 차별화된 기획을 하고 이를 만들어 내야 한다. 비즈니스는 경험과 지식도 필요하므로 이것을 진행하고 배워 나가는 데는 한 세월이 필요하다.

결국 해답은 아이디어를 갖고 비즈니스 모델을 실제로 구현할 의지와 끈기를 바탕으로 한 맹렬한 집중력이다. 또 당신이 나가떨어지지 않게 당신을 잡아주는 인내를 깨울 '열정'을 가지고 가는 것이다.

아무리 좋은 아이템도 마음속에 준비가 부족하고, 행동력으로 반영되지 않는다면 성공하기란 쉽지 않다.

컴퓨터 프로그램이 아닌 이상 미래의 기본 원리와 앞으로 닥칠 많은 시간들은 당신이 준비하고 기대하는 예상처럼 그렇게 움직여 주지 않는다.

당신만의 열정을 깨우는 습관을 통해 아이디어를 준비해야 하고, 당신과 함께 할 성실한 동료를 만나야 한다. '운칠기삼(運七氣三)'이라는 말이 있듯이 행운도 따라야 한다.

만에 하나 과거에 성공을 경험했다고 하더라도 그것은 세상이 변화의 시대로 전이되는 시간 속에 나온 것이므로 완전한 것이 아닐 수 있다.

아이디어는 꼭 필요한 자산이지만, 제4시대에서 아이디어 만을 이용해 성공시킨다는 것은 어렵고 험난할 것이다.

그 험난함에 대비하려면 일을 끝까지 만들고 밀고 나갈 추진력 즉 'Passion'이 필수다.

당신의 관심과 노력이 깃든 '열망'과 '열정', 이것이 내가 말하는 3단계의 핵심이기도 하다.

에베레스트 정상은 어디에 있는가? 열정을 품어라(Be PASSION)

"하루에 가능한 한 나의 모든 에너지를 쓰라."

'하루 에너지, 하루 올인' 철학은 삶의 소중함을 인식하여 열심히 살자는 각오를 압축한 나의 좌우명이기도 하다.

업무가 끝난 후에 집에 와 눕자마자 잠이 드는 걸 보아도 잘 알 수 있다. 최근 잠자리에 들면 잠이 깊이 들어, 자다가 깬 적이 없으며, 잠을 자면서 꿈을 꾼 적도 최근 5년 동안 한 번 있을까 말까 한 정도였다.

그날에 준비된 나의 에너지는 그 날 그 날 최대한 소진을 할 수 있도록 최선을 다해 노력했다.

당신에게는 하루에 써야 할 에너지가 반드시 있다. 만일 그 에너지를 전부 사용하지 못하면 마치 소화되지 못한 음식 찌

꺼기가 쌓여 암세포를 만드는 것처럼 당신에게 곧 닥칠 미래에 후회라는 뼈아픈 결과를 가져올지 모른다.

하루가 인생이고, 인생이 하루다. 하루가 쌓여 한 사람의 인생이 된다.

"적극적이고 열정적인 사고는 늘 효과가 있을까?"

나의 대답은 "물론 그렇다!"이다.

어쩌면 이러한 장담이 다소 지나쳐 보여 다음과 같은 추가적인 물음을 던질 수도 있다.

"골치 아픈 일이 생겨 적극적이고 열정적인 사고에 관해 이야기하는 책을 많이 읽어봤지만, 그렇다고 그 일이 없어지지는 않던데요."

"글쎄요. 적극적으로 생각해 봐도, 사업은 침체 상태에서 벗어날 기미는 찾기도 힘들고 잘 보이지도 않더군요."

"긍정적으로 사고한다고 해서 현실이 바뀌지는 않아요. 실패할 가능성은 늘 있지요. 이런 사실을 부정한다면, 당신은 모래밭에 머리를 박고 모습을 감췄다고 생각하는 타조와 같아요."

실제로 열정적인 사고의 본질을 제대로 이해하지 못하는 사람이 무척 많다.

열정적인 사고를 한다는 것은 부정적인 측면을 인정하지

않는다는 것이 아니라, 부정적인 측면에 사로잡히지 않는다는 의미이다. 열정적인 사고방식은 악화되는 상황 속에서도 적극적인 습관으로 최상의 결과를 모색하는 사고방식이다. 적극적으로 생각하는 습관을 들이면 발전적인 방향을 모색할 수 있고, 모든 여건이 불리하게만 보이는 상황에서도 자신에게 가장 유리한 일이 일어나리라고 기대할 수도 있게 된다.

더불어 이처럼 좋은 결과를 얻으려고 애쓰다 보면, 실제로 좋은 결과를 얻게 될 가능성이 더 높아지는 법이다.

열정과 적극적인 마인드를 추구하는 것은 오로지 선택하는 사람에 달린 것이다.

하루하루 그날의 에너지를 총동원해 열정과 긍정적인 사고를 갖고 일하는 사람이 결국엔 평생 풍요로운 삶을 살 수 있다는 진리가 결국 맞다는 확신이 든다.

대한민국의 기업인 중 자수성가한 사람들은 많다. 대부분 어려운 70, 80년대에 역경을 이겨내고 우리나라의 경제를 끌고 온 경영 1세대들이다. 내가 아는 한 그들은 자신들의 뜨거운 마음을 열정역에 내려놓은 '열정가들'이다.

『풍수화』의 저자이신 김용운 교수님은 올해 94세이시다. '벽(癖)'론을 펼치는 분으로 유명하다. '벽'이란 인간이 고치기 어렵게 굳어버리는 버릇을 뜻하는데, 이 벽이 열정의 산물일지도 모른다고 주장한다.

늘 이 시대의 젊은이들에게 "당신이 일을 하고자 바랄 때 미치지 않고 뭘 할 수 있느냐?"고 반문한다.

그는 90세가 넘은 지금까지도 "필요한 것은 어디든 가서 찾아와야 직성이 풀린다."는 행동 방식을 잃지 않는다. 대학 강단으로 또는 방송국으로 그를 필요로 하는 곳에 열정을 갖고 왕성하게 찾아가고 있다. 강연에서는 자신의 저서를 통해 열정을 토해내고 있는데 그분의 지론도 열정적인 삶이다.

열정이 없으면 일을 할 때 즐겁지 않고 노동으로 생각된다. 그러나 열정이 있으면 힘든 일이라도 행복하게 할 수 있다. 나이는 숫자에 불과하다. 열정을 갖고 있다면 누구라도 젊은이다. 젊음이라는 척도의 비밀은 바로 열정의 유무 차이다.

나를 바꾸고 세상을 바꾸겠다는 그 열정 속에서 정신도 자라나고 신념도 자라남을 믿으라.

미래의 성공이 당신의 바람이라면 앞에서 말한 것처럼 당신의 KEY를 뜨겁고 섹시한 '열정역'에 내려놓기를 바란다.

이는 곧 당신을 성공으로 도달할 수 있게 하는 원동력이자 촉진제가 되어 줄 것이다.

유명 기업인 중에 웅진그룹 윤석금 회장이 있다. 그는 기업 경영을 시작하면서 세운 "주말에는 무조건 쉰다."는 독특한 규칙을 30년 넘게 역설하고 있다.

사람에게는 기다려지는 마음이 있어야 한다. 사업을 시작한 사람 특히 기업 전문 CEO들은 살기 위해 주말을 기다리는 삶을 살고 있을 확률이 높다. 주말을 고대하는 삶, 이는 달리 표현하면 한 주일 중 5일은 정말 아낌없이 모든 힘을 쏟는다는 말이다. 직장인이라면 온 신경을 곤두세우고 집중해서 일한 후 이틀간의 휴일을 맞는 기쁨이 어떤 것인지 알 것이라 생각이 든다.

그러나 이 안에도 허와 실은 있다. 최근 20년간 취업 시장에서 졸업을 앞둔 대학생들이 선호하고 꿈꾸는 10대 대기업 근무자, 평범한 샐러리맨들이 부러워하는 소위 잘나가는 연봉 높은 임원들의 실상을 들여다보면 오히려 매우 단조롭고 피곤한 일주일을 보내고 있다는 것을 사람들은 잘 모른다. 평일에는 다른 이들과 똑같이 최선을 다해 일을 하고, 주말이 되어도 돌아오는 다음 주를 생각하며 일 중독자로 살아가야 하는 현실이 있다는 것을 그래서 그들은 다른 사람들보다 돈을 많이 벌더라도 주말의 기쁨은 그다지 못 느끼며 그렇게 자기 시간을 더 쏟아 붓고 살 수밖에는 없다는 것을 말이다.

그렇다면 점점 바뀌어 가는 시대, 곧 닥칠 미래 사회에서 우리 직장인들의 현실은 과연 어떻게 변할 것인가?

자신의 모든 기력을 소진하면서 주말까지 일에 매달리고

있을까?

　이웃나라 일본은 우리보다 한 발 빠른 시대를 살아가고 있다. 그런데 일본의 고용 시장을 보면 일할 젊은이가 점점 줄어들고 있다. 임금을 더 준다 해도 일하러 오지 않는다.
　그래서인지 최근 인간을 대체할 노동력들이 일본 내 곳곳에서 선보이고 있다. 주로 기업의 고객센터, 대형 주차장, 환경 개선 시공사, 마트, 중대형 식당에 설치되고 있고, 의료 기관에서는 수납 업무부터 특정 진료 진단까지 기계(machine)들이 빠르게 인간의 역할을 대신해 나가고 있다.
　기업주 입장에서는 듣기만 해도 섬뜩하겠지만 이는 분명 다가올 현실이다.
　그러나 어찌 되었건 아직은 이러한 것들이 표면적으로 잘 느껴지지 않을 수 있다. 진정 나와 당신이 평생 해오던 직업들이 고작 기계에 의해 대체된다는 것이 사실일까?

　인공지능, 5세대 이동통신 등을 앞세운 4차 산업혁명은 인간의 일자리를 여러 분야에서 위협하고 있다.
　영국 옥스퍼드대 마틴스쿨이 연구한 「직업의 로봇 대체 확률 한국판 서비스」에서 그 위험도를 계량적으로 파악할 수 있다.

현재 약 600여 가지의 직업은 향후 20년 내에 대체되거나 없어질 확률이 60%를 넘어선다. 그렇다면 AI, 로봇으로 바뀔 확률이 가장 높은 직업은 무엇일까?

전화 상담원처럼 음성 고객 서비스 업무는 가까운 미래부터 대체될 확률이 무려 99%나 된다고 한다. 당연히 사라질 직업 1순위다. 지금도 유럽이나 일본에서는 자동응답시스템(ARS)으로 전체 종사자의 40% 이상이 대체되어 가고 있을 정도로 이미 대체가 시작되었다고 보면 된다.

회계 업무에 종사하는 회계사(70%)와 스포츠 경기 심판(80%)도 대체율이 매우 높았고, 이외에도 숫자 계산이나 고도의 정확성을 요구하는 직업은 앞으로 기계나 컴퓨터가 '비교우위'를 가지고 갈 확률이 높기 때문에 위협 1순위 군에 들어간다.* 영국 일간지 텔레그래프 기사 참조

플랫폼 기반 O2O(온·오프라인 연계) 서비스가 전 세계적으로 확산되면서 단순 중개 업무는 인간이 더 이상 경쟁력을 발휘할 수 없는 분야로 바뀌고 있다.

우체국 직원, 택배 기사들의 대체율도 94%나 된다. 아마존은 이미 2016년부터 드론 택배가 현실화되어 기존 시장의 유통업을 빠르게 대체해 나가고 있다.

최근 국내에서 열린 유엔 미래포럼에서 발표한 자료를 보

면, 아시아 국가 중 한국은 유럽이나 미국, 영국 등 선진국에 비해 로봇 대체 확률이 높은 직업군이 40% 이상 많은 것으로 나타났다.

그러나 반면 인간이 우위에 있어 대체 불가한 직업들도 많다. 인간의 감성과 연관된 직업들은 가장 대체율이 낮은 직업으로 조사되었다.

심리상담, 심리재활 등을 하는 임상심리사의 경우 대체 확률이 0.28%에 불과했고, 정신건강상담치료사(0.31%), 음향치료사(0.33%), 사회복지사(0.35%) 등도 대체 확률이 매우 낮았다.

특히 요즘 10대들이 선호하는 가수(0.79%) 안무가(0.44%), 의상디자이너(0.49%) 등 창의성이 매우 중요한 예술 부분 직업들은 이번 발표에서 대체 불가 직업으로 발표되었다.

가장 중요한 교육 분야 역시 기계 대체율이 낮은 분야로 초등학교 교사의 대체율은 0.44%에 불과했다.

영국 IBM의 왓슨Watson이 병원에서 인공지능 의사로 활약하고 있고, 현재 우리나라의 가천 길 재단을 비롯해 서울대 병원 등에 적용이 확정된 인공지능 왓슨은 의료 관련 한국어 공부가 이미 끝난 상태다. 그럼에도 불구하고 전문의는 역시 아직까진 사람이 필요한 직업으로 분석되었다. 참고로 치료기술 분야로 볼 때 외과의사 대체율이 예상과 다르게 0.42%로 가장 낮게 나왔다.

　우리는 열에 아홉은 미래의 삶이 지금보다는 편리하고 윤택해져 행복지수가 높아지기를 꿈꾸고 있다.

　그러나 이렇게 모든 것이 기계로 대체가 되는 현실이라면 당신이 꿈꾸는 삶은 어쩌면 예상과 다르게 바뀔 수 있다. 인간의 노동력이 필요 없어지고, 편안함이 도를 넘어 그에 안주하는 습성이 익숙해지면 그만큼 열정역에서 사람들이 사라질 것이다. 몇 년 후 직장은 기계들이 차지하고, 당신의 꿈은 사라져 그저 기계에 대체된 꿈으로 국가의 복지에만 의존해 살아가는 시대로 변할 수도 있다.

　당신의 미래가 불확실하게 느껴지는가?

　막막해 보이는 그 한계의 벽을 넘어서고 싶은가?

　당신의 자존감이 만든 열정을 유지하며 지켜나가야 한다.

　하루가 멀다 하고 발표되는 무수한 미래학자들의 이론들과 사례 연구는 그저 거대한 실타래를 하나씩 차분히 풀어나간다는 생각으로 바라보아야 한다.

　지금 필요하고 알아야 하는 것은 다가오는 그 현실들이 무엇일지 학습하고, 내가 어떻게 대비하고 준비해야 하는지 차분히 그 대응 전략을 알아내는 것이다.

　그저 잘난 성공인의 추억담이나 지침서가 아닌 스스로가

관심을 갖고 학습하고 준비하여 습관을 바꿔가는 것이 중요하다.

미래 사회를 조금씩 생각해보며 공감하기, 나만 그렇지 않다는 것, 당신도 이런 생각을 하고 있다는 것 그리고 그런 생각들이 조금도 이상한 게 아니라는 확신이 미래의 당신에게 진정한 위로와 힘이 되어 줄 것이다.

그러면 사람들이 문제와 이슈를 생각할 때 겪는 어려움 중에서 가장 큰 것은 무엇일까?

여러 가지 해결책을 평가하고 가장 좋은 것을 선택할 때의 어려움이 제일 많고 클 것이다.

어떤 경우에는 정말 그럴 수 있다. 그러나 나는 다른 두 가지 어려움 역시 이에 못지않을 골칫거리라 이야기해주고 싶다. 하나는 위기로 변하기 전에 문제와 이슈를 식별하는 것의 어려움이고, 나머지 또 하나는 평범하고 독창적이지만은 않은 지금의 임기응변식의 해결책을 넘어 미래에 맞는 창의적인 해결책으로 살아 나가는 것에 대한 어려움이다.

1956년 부산에서 태어나서 일본에서 주로 활동하고 있는 한국인 프로 바둑기사 조치훈. 그는 바둑계에서 인정하는 열정의 신(神)이다.

조치훈은 서울에서 대부분의 유년기를 보냈다. 그 시절, 그 시간 속에서 느끼고 배웠던 생각과 교훈들은 지금까지의 나이에도 식지 않은 열정들을 가르쳐 주었다고 이야기한다.

한국 기원과 일본 기원 특히 관서 기원에서 유명한 일화로 남아 있는 이야기 중 '열정'의 휠체어 대국을 소개해 본다.

조치훈 기사는 대국을 앞둔 어느 날 교통사고로 전치 25주의 부상을 입었다. 그럼에도 불구하고 주변의 만류를 뿌리치고 고바야시 고이치 9단과의 바둑 기성전 대국에 나가 임했다. 바로 약속이라는 신뢰를 지키기 위해서였다. 또한 한국인이라는 자존심이 걸린 문제이기도 했기 때문이다. 정신이 육체를 이긴 일례로 바둑계 역사에 기억되고 있는데, 말 그대로 "목숨을 걸고 둔다."라는 표현이 맞을 것이다.

당일 기성전 결선 1국은 심신이 이미 만신창이인 조치훈이 버티지 못하고 패한다.

그러나 그의 열정은 남달랐다. 조치훈은 정신력으로 회복 속도까지 높이며 2, 3국을 연승으로 끌고 갔다. 지켜보는 현장의 사람들은 다들 눈물을 흘리며 대국을 지켜보았다.

일본 국민들은 일방적으로 고바야시를 응원했으나 시간이 지날수록 조치훈의 열정과 기개에 찬사를 보냈다.

결국 대국은 마지막까지 겨뤄 고바야시의 승리로 끝이 났지만, 조치훈 기사는 끝까지 자리에서 쓰러지지 않았고 대국을 마무리 지었다. 냉정을 잃지 않은 그가 남긴 한 마디는 이러했다.

"나를 응원하고 믿어준 사람들이 있기에 나에게 절대 기권이란 없다. 머리와 오른손에 문제가 없었으므로 나는 그 자리에 나갔다."

31세에 바둑에 득도한 사람, 죽음을 불사하며 신뢰를 지키는 사람으로 유명한 조치훈.

그의 이 말은 어떤 일을 할 때든 목숨을 걸고 하라는 교훈을 주며, 열정이 얼마나 사람에게 중요한 영향을 주는지 그리고 열정으로 사는 하루가 얼마나 소중한지를 말해주고 있다.

최근에도 조치훈은 자신의 생업을 지켜 나가며 살아가고 있다.

그는 2016년에 일본의 인공지능(AI) 딥젠고와 바둑 대국을 겨뤄 2승 1패로 승리를 하였다.

우리는 뜨거운 불처럼 우리의 삶을 살아야 한다. 그 뜨거운 불처럼, 모든 것이 하얀 재로 타버리도록 열정역 안에서 살아가야 한다.

앞으로 우리가 당면한 시대에는 불안과 설렘의 삶들이 여지없이 다가올 것이다.

지금까지 당신이 필수품이라고 생각했던 일상의 휴대폰, 현금, 자동차 면허증 등이 미래에는 아예 사라지거나 없어질 수도 있다.

그러나 가장 무서운 사실은 다름 아닌 인간의 설 자리가 없어질 수 있다는 것이다.

이러한 고민은 더 이상 사치도 아니며, 미래에 중년의 길로 접어드는 사람들에게는 특히 중요한 문제일 수밖에는 없다. 나이는 그저 길어진 청년기의 끝자락이라 생각하고 이제는 그런 시대에 익숙해져야 한다.

제2의 인생, 제3의 인생이라는 말이 현실에서 낯설게 느껴지지 않을 시대가 오기에 그러하다. 학창시절에 공부에 불태우고 취직과 결혼에 신경 쓰느라 상대적으로 소홀해진 자아가 갑자기 깨어나기 시작한다면, 내가 누구인지 묻는 소리가 가슴속에서 들리고 하던 일이 심드렁해진다면, 이것 역시 미래를 대비하라는 당신의 열정의 외침으로 알고 받아들여야 한다.

인생의 한 지점에서 미래에 대한 전략을 갖기 위해 한번쯤 자신을 스스로 되돌아보게 만드는 데 필요한 당연한 현상으로 여겨야 한다.

20, 30대 언저리에서 호되게 앓는 걱정들은 당신의 미래를 책임질 수 있는 열정 재료들이다. 좌절과 함께 뒤처진다는 느낌 때문에 끙끙 앓지 못하고 그저 지나쳐 버린다면 그 결과로

당신은 미래에서 어쩌면 마음의 병을 얻게 될지도 모른다.

누구나 예상할 수 있는 생각과 이야기들이 어렵다고 느껴지고 있다면, 당신은 생각의 대화법을 고쳐야 한다.

생각의 대화법에는 자신의 생각을 표현하는 법, 상대방의 말을 듣는 법, 공감을 표출하는 법이 모두 포함되어 있다. 미래를 대비하는 마음을 갖고 분명히 갖추어야 할 이 방법은 전달할 내용을 모두가 알기 쉽게 구성하는 것으로 핵심적인 것을 한 가지씩 계획적으로 잡아내어 표현하는 것이라 할 수 있다. 당신의 숨어있는 자존감은 이 사실을 결코 모를 리 없기 때문에 지금 모든 게 어렵게 느껴진다면 생각의 대화법을 고치는 것부터 시작하면 된다.

신뢰를 생명같이 지키겠다는 진리를 믿고, 이를 삶에서도 적절하게 활용할 수 있다는 것으로 이해할 때, 비로소 그때 당신의 열정은 다시 살아날 것이다.

지금부터 생각해 보고 몸으로 느끼며 익혀보길 바란다. 당신에게 꼭 필요하다고 느끼는 날이 곧 찾아온다.

열정의 기술은 습관으로 준비된 사람에게만 주어지는 삶의 비밀이며 특혜이기 때문이다.

먼저 당신이 원하는 것을 결정하라.
그리고 그것을 이루기 위해 당신이 기꺼이
바꿀 수 있는 것이 무엇인지 결정하라.
그 다음에는 그 일들의 우선순위를 정하고
곧바로 그 일에 착수하라.   _H. L. 린트

생각의 대화법을 사례로 배운다
"아이팟으로 통화를?"

　스티브 잡스Steve Jobs가 개발한 아이팟은 실로 그 인기가 천
정부지로 치솟았다.

　2005년의 판매량은 무려 2,000만 대로, 첫 론칭 후 4배 이
상 성장한 수치였다. 아이팟은 애플의 매출에서 점점 더 큰
비중을 차지하며 2005년에는 매출의 45퍼센트까지 차지했다.

　그러나 생각의 대화법을 아는 열정의 소유자 잡스는 그 사
실을 오히려 미래에 닥칠 큰 걱정거리로 생각하고 있었다.

　그는 항상 대중들과 주주들에게 "우리를 망칠 수 있는 모종
의 가능성은 늘 우리 곁에 숨어 있다."고 말하곤 했다.

　또 잡스는 "우리의 밥그릇을 빼앗을 수 있는 기기는 바로
휴대 전화"라며, 이사들에게 휴대 전화마다 화소가 높은 최고

의 카메라가 장착되어 디지털카메라 시장이 점점 작아질 것이라고 설명했다. 추가로 휴대 전화에 뮤직 플레이어까지 장착되기 시작한다면 아이팟은 금방 고객들에게 외면당하는 일이 벌어질 수 있다는 이야기였다.

그러나 이 이야기를 들은 많은 회사 내 사람들은 고개를 저으며 웃었다. 당장 닥칠 일도 아니며 지금은 상승 기류를 타고 있으니 문제가 되지 않는다고 자부했다.

특히 "휴대 전화와 아이팟은 다르다. 세상 누구나 휴대 전화를 갖고 있다는 이유로 우리의 아이팟이 쓸모없는 기기가 돼 버릴 수도 있다고 주장하는 건 너무 비약적인 생각이다."라고 오히려 잡스에게 반문했다. 아이팟의 아성은 그리 쉽게 무너지지 않을 것이라는 주장을 내내 굽히지 않았고, 회사 내우려의 목소리를 귀담아 듣지 않았다.

그러나 단 한 사람, 모토로라의 CEO로 새로 취임한 에드워드 잰더 Edward J. Zander 는 달랐다. 모토로라의 인기 모델인 휴대 전화 레이저 Razr 에 날개를 달아줄 친구를 만들어 주자며 잡스와 함께 논의를 시작했다. 최종 목표는 레이저에 아이팟을 탑재하자는 것이었다.

몇 년 후 그렇게 해서 탄생한 것이 뮤직폰 로커 Rokr 였다.

로커는 출시 초기에는 소비자의 기대에 전혀 영향을 미치지 못했다. 아이팟의 매력적인 미니멀리즘도, 레이저의 편리한 날씬함도 갖추지 못했기 때문이었다. 볼품없는 외관에 용량도 아이팟과 달리 100곡으로 제한되어 많은 음악을 담기도 힘들어 보였다.

로커는 하드웨어와 소프트웨어, 콘텐츠를 가진 회사가 꿈꾸는 융합화 기술이었다. 그러나 2005년 11월 타임지에는 "이것이 미래의 전화기라고?"라는 제목으로 로커가 형편없다는 내용이 실렸고, 융합의 개혁을 시작하고 실행한 그들은 한껏 조롱을 받았다.

하지만 잡스는 미래를 볼 줄 아는 사람이었다. 그는 낙심하는 에드를 불러 이렇게 말했다.

"자신이 쓰고 싶은 물건을 만든다는 것, 그것이 최고의 동기 부여라 할 수 있습니다. 또 한 가지의 동기 부여는 바로 잠재적 시장을 준비하는 마음속 열정의 표출이니 우리 굽히지 말고 계속 혁신의 노력을 해 봅시다."

이후 2007년 레이저2Razr2라는 이름으로 출시된 모토로라 휴대 전화는 초등학생부터 할머니에 이르는 광범위한 소비자들에게 8억 2500만 대 이상 팔려 나갔다.

그 후에도 잡스는 애플 이노베이션을 선도하며 아이팟을 휴대 전화로 변형해 나가는 방법을 계속 발전시키려 시도했다.

트랙 휠을 이용해 전화기의 기능을 훑어볼 수 있고 자판 없이 숫자를 입력하는 방식을 선택하는 혁신까지 선보였다.

이 역시 고객에게 처음부터 공감과 호응을 이끌지는 못했다. 전화번호부를 넘겨볼 때는 괜찮았지만 전화번호와 같이 무언가를 입력하기에는 끔찍하리만치 불편하다는 평가를 들었다.

그러나 그는 이 또한 명백히 불편할 것을 알았다는 긍정의 마인드로 이겨내었다.

애플에서는 또 하나의 혁신 프로젝트가 진행되었고 비밀리에 태블릿 컴퓨터가 완성되었다.

이 모든 과정은 잡스가 자신에게 던져지는 조롱을 열정으로 승화하고 생각의 대화법을 교체하면서 좌절하지 않은 덕분에 이루어진 성과일 것이다.

개발된 태블릿 컴퓨터와 관련된 혁신적인 아이디어들은 대부분 '애플의 기적'으로 정리가 되어 세계 시장을 점유해 나갔다.

여기서 한 가지 중요한 점은 아이패드의 핵심 아이디어들은 지금의 아이폰 시리즈를 탄생시키는 데 결정적 역할을 하였다는 사실이다.

'열정'은 이렇게 세상을 족히 바꿀 힘을 가지고 있다.

앞으로 다가올 미래에서는 보다 적극적으로 자신에 대한 믿음과 긍정적 의지력으로 스스로를 발전시키지 않으면 생존의 위협을 받게 될 것이다.

어려움과 주변의 조롱을 자신의 열정을 깨우는 약으로 쓰겠다는 생각의 변화를 지금부터 가져보길 바란다.

사람은 기계와 다르다. 마음이 있고 생각의 대화를 할 수 있다. 미래에는 수많은 불편함과 번거로움을 줄여주는 이상적인 꿈의 하드웨어가 수없이 나올 것이고, 시장에서 극렬하게 경쟁이 계속될 것이다.

70, 80, 90년대 그리고 밀레니엄의 시대에서 세상은 늘 변하고 발전되어 왔다.

이런 건 없어질 리가 없다고 생각했던 최고의 발명품부터 생활에 필수품으로 여겨왔던 수많은 것들이 사라진 지 오래거나 사라지고 있다.

오드리 헵번Audrey Hepburn의 영화에 나왔던 둘러메는 가방부터 김태희가 끄는 캐리어까지도 고작 40년이 넘어서면서 휴대 전화에 애플리케이션 하나만 설치하면 내 짐을 싣고 GPS로 나를 따라오는 융합형 인공지능 캐리어로 바뀌어 나가고 있다.

지금 당신에게 어떻게 현실을 준비하고 있는지를 물어보면 대부분 명쾌하게 그 해답을 말하지 못할 수도 있다.

생각의 변화된 습관으로 미래의 당신의 업무를 지키고 개인의 생산성과 효율성을 극대화시켜 자신에게 미래에도 열정을 불어 넣어줄 수 있다는 자신감을 가져야 한다.

늘 앞을 내다보며 미래를 준비해 나아가라. 이제 전력질주를 해야 하는 것이 당신에게 주어진 최선의 과제이고 소임이다. 이를 스스로 다짐하고 기억하라!

막연한 내용일수록 그것이 자신을 계발하는 것이라 생각하고, 주변 인맥 구축 방법이나 상황을 메모, 정리하는 방법, 대화 요령, 트렌드 파악, 전략적 마케팅과 맞춤식 영업 기법에 관해 기술한 책들을 늘 가까이 두기를 바란다. 그러면 자신과 일에 대해 그간 깨닫지 못했던 새로운 면모를 발견할 수 있을 것이며 성공적인 미래를 대비하기 위한 지침 방법으로도 충분히 그 역할을 다 할 수 있을 것이다.

우리가 당면한 4차 산업혁명 시대에 대해 많은 미래, 경영, 경제학 박사들이 모두 공통적으로 주장하는 바가 있다. 그것은 앞으로 시장에서 성공할 기업의 평균치 기대 수명은 30년이 채 되지 못한다는 것이다. 10년 내 무한 구조 조정, 상시 퇴출은 더욱 심해져 기업의 관례화가 되어 갈 것이고, 미래 사회에서도 샐러리맨은 자신의 존재 가치를 높여야만 자신과 가족을 지킬 수 있게 된다는 것이다.

진심을 다해 모든 일을 긍정적으로 행해야 하고, 어떤 일에 열렬한 애정을 가지고 열중하는 마음을 잃지 말아야 기본적으로 자신을 관리하는 힘과 개발하는 방법이 될 수 있을 것이며, 이를 통한 자신의 업그레이드는 불확실한 미래, 위기의 적자생존 세계에서 당신을 위너(winner)로 우뚝 세워줄 것이라고 주장한다.

나 역시도 이에 동감하며 이 글을 읽고 있는 당신도 공감하기를 간절히 바라는 바다.

지금 얼마만큼 열정을 갖고 준비하느냐에 따라 우리의 미래는 결정되어 버린다는 사실을 한 번 더 기억해 주길 바란다.

미래의 성공은 정해진 시간에 도적처럼 몰래 다가오지 않는다.

스스로를 바꾸고 변화된 상황에 매순간 적응하는 길고 긴 힘든 여정을 거쳐야 성공은 찾아온다.

나비의 알이 천적과 자연의 조건을 버텨내고 아름다운 나비가 되는 확률은 고작 2~3퍼센트에 불과하다고 한다.

이와 마찬가지로 우리도 그 길고 어려운 시간을 이겨내려면 자기 목표를 확실한 형태로 세우고, 그 목표를 이루기 위한 매우 구체적인 과정들이 있어야 한다.

1990년 미국 예일대 졸업생을 대상으로 자신의 목표를 자유롭게 쓰도록 했더니 그 중 3퍼센트의 사람만이 자기 목표를 구체적으로 서술했다.

22년 후인 2012년에 다시 조사해 보니 그 3퍼센트의 학생들은 나머지 97퍼센트의 학생들이 이룬 성과를 모두 합친 것보다 더 많은 목표를 달성했다.

목표를 이루기 위해서는 또한 남들과는 다른 새로운 생각과 발상을 할 줄 아는 상상력이 필요하고, 그것을 과감하게 밀고 나갈 수 있는 용기가 꼭 필요하다.

인간의 노동력이 주류를 이루던 시대에서 분야를 가리지 않고 인간을 넘보는 AI가 새로운 대안과 패러다임으로 찾아오고 있다. 과감히 시도해 우리를 놀라게 하고 기대하게 하며 심장을 뛰게 만들고 있는 무인자동차, IoT(Internet of Things), 스마트홈(smart home), 인공지능 상품들이 바로 대표적인 사례이다. 과거에는 다들 이러한 시간과 환경의 형성은 불가능하다고 믿었다. 그러나 우리에게는 이제 보다 더 큰 목표를 이루기 위한 새로운 돌파구가 필요하다. 실제 현실로 맞이하기 위해 이미 모두들 최선을 다해 준비하고 있다. 이제 당신도 자신을 크게 성장시키는 원동력의 계기로 삼아 천천히 대응 전략 매뉴얼을 준비해 보자.

"저는 이제 그만두겠습니다."라고 말하는 것이 일상처럼 익숙하게 통용되는 시대가 곧 다가온다.

앞으로는 당신이 용기 있는 고언을 들었다면 그것을 고마운 일로 여겼으면 한다. 미래는 이직이 자유로운 환경이 될 것이다. 지금은 사람들이 떠나면 조직에서 슬럼프를 걱정하지만 미래의 조직은 이러한 이유로 결코 흔들리지 않는다. 마음이 떠난 사람들도 역시 붙잡지 않는다. 시간의 문제일 뿐 AI로 인력이 대체될 가능성이 높다.

사람의 힘을 중요하게 여기지 않아서인 것은 아니다. 다만 다가올 미래는 질적인 향상과 시간적 프로세스의 상향성을 요구하는 시대이기 때문에 상대적으로 그렇게 보일 수는 있다. 미래 시대에서는 휴머니즘에 대해 우려가 클 수밖에는 없다. 따라서 자신의 일에 열정이 없고, 긍정적이지 못한 사람은 결코 성공할 수 없다는 사실을 받아들여야 할 것이다.

"열정으로 나를 무장시키고 자기 자신의 주인이 되어라."

접시 위에 놓인 것을 손으로 집어 올리듯이 어떤 것을 쉽게 얻을 수 있는 사람은 아무도 없을 것이다.

우리는 우리 스스로 자신의 시간들을 창조해내야 한다. 본인의 노력 없이 다른 사람이 내 손에 행운을 쥐어준다 해도 그것은 결코 내 것이 아니라고 보아야 한다. 그렇게 얻어진 행운은 당신에게 끊임없이 대가를 강요할 것이기 때문이다.

또한 '열정'은 스스로 선택한 삶을 어떠한 방해도 받지 않으면서 이끌어간다는 자신감임을 잊지 마라!

미래의 나를 선택할 수 없고, 의지대로 살아갈 수도 없다면 당신은 노예의 상태에 있는 것과 마찬가지다. 또한 당신의 즐거움이 타인의 자유를 해치지 않는 범위에서 몸이 원하는 대로 행할 수 없다면 당신은 열정의 통제력을 잃고 본질적으로는 희생당하고 있는 것과 같다.

"집중하는 마음을 가져라."

가족과 동료에 대한 책임만을 지라는 뜻은 아니다. 책임을 질 것인지 말 것인지를 선택할 수 있는 자유를 포함하여 정해진 틀에서 자유로워지라는 의미로 받아들이면 된다.

타인이 원하는 것과 내가 원하는 것 사이에 갈등이 생길 때 타인이 원하는 대로 해야 한다고 스스로에게 명령하지 마라.

당신에게 열정만 있다면 언제 어디서든 그것이 어느 시대이든 스스로 자유로워질 수 있으며, 미래의 나를 선택할 수 있게 될 것이다.

물론 그렇게 될 수 없다고 말하는 사람들도 있다.

그들은 열정을 추구하는 사람들에게 이기적이라는 딱지를

붙여놓는 사람들이다. 그들은 남의 삶을 권위로 지배하려 하고, 그에 대해 당신이 경고를 해도 오히려 강하게 저항한다.

그런 사람들에게 굽히지 말고 행하여야 한다. '내가 너무 이기적인가?'라는 생각이 든다면 오히려 당신은 이미 절반의 성공을 한 것이다.

스토아학파 철학자인 에픽테토스Epictetus는 『담화록Discourses』에서 자유와 열정에 대해 이렇게 말했다.

"자기 자신의 주인이 되지 못하는 사람은 절대로 열정인이라 할 수 없다."

이 말은 자기 자신을 지배하지 못하면 다른 사람에게도 영향력을 행사할 수 없다는 뜻을 담고 있다. 또 자기 자신이 주인임을 드러내 보이기 위해 다른 사람들을 위협하거나 겁을 주어 복종시킬 필요도 없다는 뜻으로 해석할 수 있다.

자유로움 속에 열정을 다하는 사람들은 스스로 내면의 평화를 가진 사람들이다. 이들은 타인의 일시적인 감정에 휘둘리기를 거부하고, 삶을 영위하면서 차분히 자기 의도를 실현해 나간다.

이들은 가족이기 때문에, 조직원이기 때문에, 혹은 파트너이기 때문에 어떤 식으로 행동해야만 한다는 사회의 역할 정의에서도 자유롭다. 장소와 펼쳐질 상황에 관계없이 어떤 상황이 일어날 수 있다고 받아들이고 숨 쉴 수 있다는 자유로운 사고방식을 갖고 있다.

타인이 자신의 선택을 어떻게 느끼든 걱정하지 마라. 책임감의 정의에 대한 사람들의 다른 해석에 연연해하지 마라. 자기의 의견을 끝까지 주장할 수 있어야 한다.

타인이 요청하는 희생의 강요는 그것이 아무리 대단치 않고 작은 것이라 해도 나의 활시위를 대신 움켜쥐고 나의 자유를 빼앗으려는 시도라는 점을 잊지 말고 그에 대응하라.

미래를 준비하는 삶에서 매 순간마다 희생자가 되지 않겠다는 마음가짐과 행동을 고수해 나아갈 때 스스로 진정한 '열정역'으로 들어갈 수 있다.

노력과 행동을 실천하다 보면 상황에 구속되지 않고 상황에서 자유로워지며 열중하는 내면적인 습관으로 굳어져 비로소 나만의 '열정력(力)'이 만들어지게 될 것이다.

또한 미래 사회에서 자기 인생을 깨우치기 위해서는 절대로 자신 이외의 어떤 누구도 100퍼센트 신뢰해서는 위험하다.

마이크로소프트사의 창업주인 빌 게이츠Bill Gates는 '자존감(Self-Reliance)'에 대해 이렇게 말했다.

"자기 자신 이외의 어떤 것도 당신에게 진정한 행복과 평화를 가져다 줄 수 없다."

나는 여러 해 동안 많은 사람들과 상담하면서 다음과 같이 한탄하는 소리를 자주 들었다.

"그 사람은 끝까지 해내겠다고 약속했으면서 결국 나를 실망시켰어요."

"그 사람에게 그 일을 맡겨서는 안 된다는 걸 알고 있었죠. 특히 그 일이 그 사람에게는 조금도 중요하지 않아 보였는데 그 당시 나에게는 너무도 중요할 때 더 그랬어요."

"그 사람은 나를 또 다시 실망시킬 거예요. 도대체 나는 얼마나 더 손해를 봐야 깨닫게 될까요?"

이런저런 방식으로 다른 사람들에게 자신을 희생시키도록 허용함으로써 결과적으로 자신의 생각과 목표를 침해당해 슬퍼하며 후회했던 말들이다.

당신은 누구보다 똑똑하고 강한 사람이다. 의지를 갖고 자신의 소신대로 행동하고, 마음 깊숙한 내면의 자존감을 키워 타인에 의지하지 말고 스스로 해 나가야 한다.

어떤 식으로든 남들이 제멋대로 당신의 삶을 주무르는 것을 거부해야 한다. 자존감이 기본이 되는 인간관계를 맺으면서 편안함을 찾아나가야 한다.

그렇다고 일부러 남들에게 얼굴을 찌푸리거나 꼬치꼬치 따질 필요는 없다. 단지 내면으로부터 이것을 느낄 줄 알면 그만이다.

이것은 현재 나의 인생이다. 이 삶은 나 혼자만이 경험할 수 있다. 미래를 지향해야 하는 나의 시간은 현재까지는 매우 한정되어 있다. 당신은 다른 누구의 소유도 될 수 없다. 나 자신으로 살아갈 권리를 빼앗아 가려는 모든 시도들을 항상 주의 깊게 살피고 특히 다가올 미래를 준비하며 더욱 노력해야 한다. 그것이 진정 나를 사랑하는 길이며, 나를 사랑하는 자아가 키워져 진정한 열정의 기본 전략으로 만들어 가게 되는 것이다.

지금까지 희생자의 습관이 몸에 밴 사람이 당신이었다면, 어떻게 미래를 대비할 것인지에 대한 정답으로 건전한 나를 진정한 열정역으로 안착시킬 수 있도록 한 번 더 노력하고 고민해 보기를 제시하고 싶다.

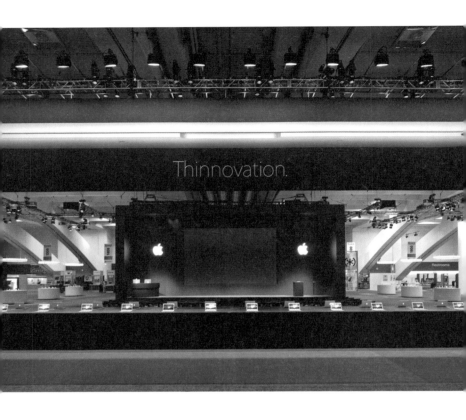

**"열정으로 나를 무장시키고
자기 자신의 주인이 되어라."**

PASSION

제2장

'열정역'
패러다임 시프트
(변화와 융합)

'열정'이라는 표현에
자신이 있다면
나이는 숫자에 불과하다.

미래 가치의 원천
'열정'

4차 산업혁명은 이미 시작되었다. 세계경제학자들과 미래학자들은 인간의 삶의 기준으로 4차시대의 대중화년도를 2025년으로 기록하고 있고, 현재의 산업구조와는 패러다임 자체가 많이 달라질 것으로 예상하고 있다.

그렇다면 이제 고작 8년 정도밖에 남지 않았다.

세계적인 AI 소프트웨어 전문가 벤 괴르첼Ben Goertzel 오픈코드 재단 회장은 UN 세계경제포럼에서 "8년 후면 스스로 생각하고 배우는 완전체의 인공지능(AI)이 등장할 것"이라고 발표했다.

그동안 감히 침범할 수 없는 인간의 영역으로 간주되어 온 바둑에서 AI가 압승을 거둔 이른바 알파고 사건으로 우리나라뿐만 아니라 전 세계 국민들이 놀라움을 넘어 두려움마저 느낀 것도 잠시, 이제 인간을 넘어서는 AI가 등장해 현실에 적용시킬 준비를 기다리고 있다고 전문가들은 입을 모으고 있다.

싱귤래리티 대학 교수 호세 코르데이로 Jose Cordeiro 는 "인류 탄생 시기인 200만 년 전부터 지금까지의 변화보다 앞으로 20년 후 미래가 훨씬 더욱 급격하게 변할 것"이라며 다양하고 빠른 변화를 예고했다.

밀레니엄 프로젝트 제롬 글렌 Jerome Glenn 회장은 "2030년에 이르면 바야흐로 대변혁의 시대가 온다."며 "인류는 미리 미래를 예측하고 준비해야 한다."고 강조했다.

그가 말한 대로 "AI의 지능 발전은 현재 전 세계적으로 여러 다국적 기업들이 서로 연합해 더욱 가속화되고 있다."

더욱 관심이 쏠리는 것은 구글과 자동차 강자 포드의 결합, 성사되지는 않았지만 아마존과 스타벅스의 결합과 같이 현시대에서는 이해하기 힘든 모습으로 기업들이 전략적으로 서로 뭉치고 있다는 점이다. 전 세계의 지도를 가지고 인공지능 기술의 준비에 열을 올리는 구글과 자동차의 패러다임을 바꿔 나갔던 포드가 만나면 이제 곧 자동차면허증 같은 자격증 취득은 의미가 없어질 수도 있다. 휴대 전화 하나만 있으면 음성과 지문으로 누구든 원하는 곳으로 편하게 이동을 하는 때가 올 수도 있다는 것이다. 이는 "향후 25년 동안 변화가 기대되고 보다 빨라질 것"이라고 말하는 증거이기도 하다.

더불어 경제적 가치와 시장성은 천정부지로 오르고 변화할 것이며 연간 약 20만 명의 종사 직업군들이 사라지거나 바뀔 것이다.

이것은 현재의 우리를 더욱 불안하게 만드는 중요한 요소이기도 하다.

2011년 CNN은 우리나라 국내 AI 최적화 전문가인 서울대학교 컴퓨터 공학부 교수에게 기계가 언제 사람을 이길 수 있을지에 대해 인터뷰를 했다. 그 때 교수는 "향후 100년 내로는 기계는 죽어도 사람을 못 이긴다."고 답을 했었다.

그러나 이 의견은 최근 바둑계에서 5년 만에 무너져 버렸다. 나는 이를 지켜보면서 급격한 기술 발전에 혀가 말리는 느낌을 받았다.

얼마 전 한 TV 프로그램에서 '미래란 무엇인가?', '미래 사회에서 과연 인간의 노동력이 어떻게 변화할 것인가?'에 대한 주제로 많은 사람들의 이목을 집중시킨 강의가 있었다.

2017년 1월 미국 라스베이거스에서 열린 CES(The International Consumer Electronics Show, 국제 전자제품 박람회)를 통해 무인자동차부터 다양한 종류의 드론, 스마트홈 등 미래의 첨단 기술들을 직접 체험하고 소개하는 시간이었다. 이로 인해 변화될 미래의 모습은 현재로서는 상상도 할 수 없을 만큼 발전되어 보였다.

　현재 인류에게 일상의 가장 친한 친구는 스마트폰이다. 과거에는 어떤 사람을 파악하기 위해서 친구를 직접 만나야 했지만 지금은 그 사람의 스마트폰만 보면 금방 그 사람을 파악할 수 있다.

　하지만 미래에는 스마트폰이 아닌 인공지능 기기를 필수품으로 꼽는다. 사람의 음성을 인식해 질문에 답변하는 것은 물론 스케줄 관리, 뉴스와 날씨 제공, 음악 선곡, 자동차의 원격 시동까지 대신 수행해 주는 비서 역할의 인공지능 기기가 미래의 당신의 친구가 될 것이라는 말이다.

　이렇듯 세상이 변할 텐데, 당신은 지금 그저 놀라워하고만 있지 않는가?

　변화는 어느 정도의 기간에 걸쳐 일어나겠지만, 분명 사회 전반에 빠르게 영향을 줄 것이며, 이 변화에 동참할 우리는 최선의 결과를 위해 노력할 막중한 책임과 기회를 동시에 가지게 될 것이다.

　변화를 일으키는 것은 기계지만, 이것을 창조하고 발전시켜 나가는 것은 인간이다. 열정을 기반으로 세상에 집중하고 나를 바꾸는 연습을 해야 할 것이다.

만일 당신이 열정을 소홀히 하거나 어떤 식으로든 될 것이라는 안이한 생각을 하고 있다면 당신은 이미 루저(loser)로 살아가는 삶의 선택지에 서게 될 것임을 절대 잊지 말아야 한다.

2017년에 미국 캘리포니아에서 개최된 아실로마 회의Asilomar Conference에서 23개의 조항으로 이뤄진 '아실로마 AI 원칙Asilomar AI Principles'이 발표되었다. 이 원칙은 사람에게 지시받지 않는 지능이 아니라 최대한 많은 사람들에게 혜택이 돌아갈 수 있는 AI를 창조해야 한다는 내용을 담고 있어 개발자들이 참고할 수 있는 틀을 제공한다.

하지만 인공지능 분야의 권위자 토비 월시Toby Walsh는 이 원칙은 시작에 불과하다고 말한다. 아실로마 AI 원칙은 인간의 미래에 대한 준비와 시작을 나타내며, 각 조항에 대한 광범위한 토론을 해야 한다고 주장하고 있다.

 ## AI는
얼마나 똑똑하고 유능해질 수 있을까?

최근 AI는 빠르게 발전해 왔다. 구글 딥마인드Google DeepMind사가 개발한 인공지능 바둑 프로그램인 알파고AlphaGo는 복잡한 게임인 바둑에서 이미 인간을 넘어섰다.

딥마인드는 바둑에서 단수* 상대의 돌을 완전히 둘러싸기 바로 전 상태를 빨리 익혀 인간보다 훨씬 더 바둑을 잘 둘 수 있는 AI까지도 만들어냈다. 자동으로 운전하는 차량, 새로운 의학용 분자 제작과 같은 기술적 분야에서뿐만 아니라 문학 번역과 같은 추상적 분야까지 폭넓은 영역에서 혁신을 일으켰다.

AI는 얼마나 더 발전되고 얼마나 작업에서 더 능할까?

AI가 작업에서 인간을 능가할 넓은 기술 학습력을 갖게 될까?

우리의 상상보다 더 지적인 AI에 대해 인류는 어떻게 대비해 나가야 할까?

나는 수십 년 안에 인간 수준, 심지어 인간을 넘어서는 AI가 나올 수 있다고 생각한다. 물론 그것이 불가능할 것이라 보는 사람들도 적지 않다.

그러나 AI가 앞으로 이룰 수 있는 성취에 대한 정확한 증거가 생기기 전까지는 이러한 추측에서 상한선은 없다고 생각하는 게 맞을 것이다.

따라서 앞으로는 우리가 상상하는 모든 것이 가능해질 것이라는 생각을 바탕으로 그에 맞는 계획을 세워야 한다는 것이다.

당신의 '열정(passion)'이 필요한 대목이기도 하다.

열정을 통해 세운 당신의 능력치에 대한 원칙이 기본이며, 당신의 무지에서 나온 의견으로 섣불리 상한선을 정하는 것은 피해야 한다는 것이다.

스탠포드 대학교의 부교수인 스테파노 어몬Stefano Ermon과 루이스빌 대학교의 부교수인 로만 얌폴스키Roman Yampolskiy, 이 두 사람은 인간이 미래에 대한 불안감을 안전 단계에 놓아도 걱정이 없다는 입장을 밝힌 바 있다.

다만 어몬 부교수는 미래를 예측하는 것이 얼마나 어려운지 이야기하면서 역사 속의 사례를 들었다.

"미래의 예측은 늘 어렵다. 사람들이 백 년 전에 미래가 어땠을지 상상하고 걱정했던 것을 생각해 보라. 그들에겐 현재의 모습을 상상하기가 아주 어려웠을 것이지만, 인류는 그래도 잘 생존해 왔다. 우리에게 다가올 미래를 예측하고 판단하기보다는 예전과 비슷하게 조심스러운 시각으로 맞이하면 된다."

얌폴스키 부교수도 현재의 미래 예측을 두고 이렇게 의견을 내놓았다.

"복잡한 암호 해독과 같은 컴퓨터 과학 분야에서는 기본적으로 최악의 시나리오를 상정해 발표를 한다. AI 안전성은 희망적이다. 나는 AI가 최대한 인간을 돕는 안정적인 능력을 가질 것이라고 예상한다. 인간이 강하다면 앞으로도 잘 지낼 수 있을 것이다. 나의 연구도 그에 따라 준비되어가고 있다."

워싱턴 대학교의 댄 웰드 Dan Weld 교수는 이 원칙에 동의한다고 말했다.

"나 역시 동의한다! 과학자로서, 나는 그 무엇에 대해서도 강력하게, 근거 없는 말을 하는 것에 대하여는 반대한다."

그러나 댄 웰드 교수는 원칙에는 동의했지만, 앞의 두 사람들의 의견에는 어느 정도 거리를 두었다.

"난 솔직히 두렵고 불편하다. AI가 초인처럼 되고, 지성을 갖출 위험도가 충분히 있다고 생각한다."

이 우려하는 주장에 대해 나 역시도 동감하는 이유는 바로 인간의 나태함과 자만 때문이다. 아무런 준비와 노력도 없이 무분별한 개발과 변화의 활시위에 자신을 내맡기는 것처럼 보일 때가 많기 때문이다.

제4시대는 예상보다도 더 빨리 진행되고 있고, 큰 위험성을 내포하고 있다. 곧 8년 후의 상황임에도 우리는 그저 지금의 단순히 먹고 사는 문제에만 집중하고 살고 있다.

관심도가 떨어지는 분야라 사람들이 중요한 부분을 모른 채 간과하고 있는 것 같아 한편으로는 매우 걱정이 된다. 더욱 걱정되는 것은 인간을 넘어서는 AI나 로봇으로 인해 소시민들의 일자리가 상실되면서 그로 인해 미래에는 건강, 보험, 교육의 보장성들까지 현저하게 더 취약해질 수 있다는 것이다. 발전이라는 미명하에 인간을 넘보는 시스템들이 도처에서 갑자기 잠에서 깨어나 세상을 운영하겠다고 덤비는 상상이 들어 혹시 이게 오히려 인류를 죽이는 프로그램이 되는 것은 아닐지 더 조심스럽고 안타깝게 느껴진다.

미국의 특허 왕국 IBM 리서치는 앞으로의 미래 사회에서 인간에게 주어질 혜택의 기회들을 우려하며 여러 발생할 사안들을 권고하고 있다.

우리가 미래 발전의 가능성에 대한 주장들의 출처나 정보들을 쉽게 얻을 수 있어야 하고, 관련한 예측 및 미래에 대한 적응력에 대한 매뉴얼로 형식과 정보를 미리 정리해 우리 미래의 주역들인 젊은 세대부터 빠르게 교육을 먼저 해 나가야 한다는 것이다.

물론 기계가 잘 할 수 있는 영역을 제한하자거나 부정적으로 생각하자는 것은 결코 아니다. 기계의 능력치로 인해 우리의 지성과 열정에 손상이 입지 않도록 조금씩이라도 미래 사회에 대한 마음과 준비성을 수면 위로 끌어 올려 많은 논리에 반문하라 권하고 싶은 마음이다.

나는 인간을 완벽히 대체하는 것이 아닌 인간의 열정과 지성에 보완하는 시스템으로서의 인공지능이 완성되는 것을 바라고 지지한다.

그렇게 된다면 우리는 걱정되는 미래에 맞서는 보완점을 보유하게 될 것이고, 현재의 개인적, 직업적 삶을 훨씬 더 나아지게 만들어 줄 가능성이 크다고 생각한다.

당신이 그 준비성을 보완할 수 있길 바란다. 그로 인해 조금씩 '열정'의 습관을 더 끌어올려 나은 결정을 내리고, 더 나은 삶을 살기를 바라고 응원한다.

만일 이 글을 읽는 당신부터 해결 방법을 모른 체 하고, 문제를 방치해 나간다면 머지않아 인류의 행복도 무너질 수 있다고 생각한다.

미래의 행복 상한선을 AI를 통해 긍정적으로만 얻어낼 수 있을까?

발달되는 시간은 얼마나 걸릴까?

불확실성이 많고 우려가 있는데, 어떻게 행복한 미래 계획을 세울까?

사회 전체가 이 시점에서 함께 생각해 보아야 하는 문제이다.

이제 당신에게 묻고 싶다.

한국은 미래의 환경, 사회, 경제에 대해 어떻게 준비하면 될까?

2030년 저출산 고령화에 따른 인구절벽으로 인해 한국의 노동 인구가 감소될 것이라는 사실은 어디서든 들리는 이야기이다.

현실을 대변해 주는 불편한 진실이기도 하지만, 여전히 우리는 우리와 상관없는 일인 양 그저 그렇게 무시하고 흘려보내고 있다.

미래라고 하기에는 너무나 가까운 미래 2030년은 우리나라에서도 삶 곳곳에 인간을 대신해 모든 일을 해줄 수 있는 인공지능들이 판을 칠 시대로 알려져 있다.

아무런 생각도 하지 않고 게으름과 이기주의 같은 인간 나르시시즘(narcissism)에 빠진다면 사회가 더욱 어려워질 수도 있다는 것을 명심하라.

인공지능(Artificial Intelligence)은 약한 AI와 강한 AI, 슈퍼 AI로 분류된다.

바둑 기사 이세돌과 세기의 접전을 벌인 알파고와 같은 인공지능 컴퓨터는 AI의 분류로 볼 때 아주 기초적이거나 약한 AI로 구분될 수 있다.

시간이 흐르면서 도처에서 검증되지 않은 위험성 높은 연구들이 시도되고 있다. 그것들은 우리나라에서는 어쩌면 무기 개발과 환경파괴로까지 이어질 수도 있다.

그럼에도 불구하고 아직까지는 인공지능이 인간의 삶에 그저 편안함을 줄 것이라는, 경제적 가치 면에서 좋은 영향력을 미치리라는 기대감에만 관심을 두고 있다. 이 부분은 우리뿐만 아니라 전 세계적인 문제점이라고도 할 수 있다.

특화된 인공지능이 각 분야마다 뛰어난 두각을 나타내고 있지만, 정작 인간이 의사결정을 하는 정치나 법조계, 의학계, 교육계, 산업 중 운송과 정보통신 분야에서는 통합적인 인공지능 기술이 분배되고 실현화되어야 할 것이다.

영화의 한 장면처럼 인공지능이 또 다른 인공지능을 학습시키거나 통합해서 신 인공지능을 만들어내는 시간들은 곧 올 것임이 확실하다.

따라서 우리를 포함한 전 인류는 인공지능에 대해서 앞으로 분명한 기준을 갖고 함께 준비를 해야 한다.

미래에 대한 의심들은 스스로를 묶는 족쇄가 되기도 하지만, 최첨단 과학 기술의 발달이 인간을 넘어서는 경우에 대해 단순히 우려만 하면서 간과해서도 안 된다.

미래의 시간 속에서 과학의 발달이 인간을 인공지능의 피

지배 존재로 만들게 되진 않을까 하는 염려는 당연하고 필수적인 것이다. 아직은 약한 인공지능의 단계라 미래의 삶을 무엇이라 속단하거나 예견할 순 없을 것이다. 그러나 분명 인공지능은 인간이 할 수 없는 일이나, 인간이 해 주길 바라는 모든 일에서 인간을 대신해 인간의 역할을 할 것이라는 사실은 변하지 않는 불편한 진실이다. 인공지능에 인간의 일을 맡긴 우리는 과연 무엇을 하며 앞으로 어떤 삶을 영위해 나갈 것인지 그 또한 계속 의문을 갖고 지켜봐야 한다.

4차 산업혁명으로 일컬어지는 세계의 변화가 그만큼 인간에게 유용하고 즐거운 삶만을 제공할 것이라는 전제는 스스로 의심하고 반문해야 한다.

물론 인간의 지속적 욕망인 수명 연장이나 영생에 대한 욕망은 견제와 해법으로 원칙화해야 한다. 첨단과학을 도입해 이 부분을 개발하는 것은 어쩌면 인간이 스스로의 삶을 획득하려는 긍정의 이기에서 나온 것이며, 인간이 가진 불안의 그림자라고 볼 수 있다.

노화 방지나 질병 예방에 대한 기대감까지 느낄 수 있는 쾌거들은 이미 여러 유전 과학자들의 노력으로 인해 실체를 가지고 나타나고 있다. 아마 인류는 곧 그 욕망을 이루어내지 않을까 싶다.

2025년, 인간을 넘어서는 최첨단 과학기술을
당신의 열정과 융합하라

최근 유엔 미래포럼 UN Future Forum이 국내에서 열렸다. 이번 포럼은 '2030 AI 시대, 미래 대예측'을 주제로 우리의 기술 발전이 가져올 미래의 변화를 예측하고 대응 전략을 함께 모색하기 위해 마련되었다.

대한민국을 대표해 대통령도 영상 메시지를 통해 "알파고 충격에서 경험했듯이 지금 우리는 눈부신 기술 발전들이 불러온 4차 산업혁명의 거대한 물결을 목도하고 있다. 국내에서도 10여 년 뒤에는 인간의 지능을 능가하는 슈퍼 인공지능이 탄생할 수 있다."는 전망을 발표했었다.

대한민국에서는 이미 4차 산업혁명의 핵심기술인 인공지능(AI)과 사물인터넷(IoT), 증강현실, 빅데이터, 가상현실 등과 관련된 특허 출원이 매우 활발하게 이뤄지고 있다.

특허청에 따르면 2012년부터 2017년까지 최근 5년간 인공지능, 사물인터넷 등 5개 분야의 혁신기술과 관련된 특허는 모두 7,881건이 출원됐다. 분야별로는 증강현실 3,354건(42.6%), 인공지능 1,621건(20.6%), 빅데이터 1,236건(15.7%), 사물인터넷 1,069건(13.6%), 가상현실 601건(7.6%) 등의 순이다. 5개 혁신 기술의 적용 분야를 보면 유통, 쇼핑, 금융, IT,

의료 순으로 모두 185건의 특허가 출원된 결과를 보여준다.

　이번 미래포럼에서 바이오 마인드의 벤 괴르첼 회장은 "구글의 알파고와 같은 AI와는 달리 인간과의 대화를 선호하며 오로지 돕기를 추론해 나가는 '한국형 프로젝트 프라임 AI'의 개발이 현재 진행 중"이라고 말했다. 또 "2025년이면 현재 우리가 알고 있고 활용하는 로봇보다 더 뛰어난 휴먼 로봇들과 인공지능들이 한국에서 나오게 될 것"이라고 밝혀 국내외 합작 프로젝트들이 이미 오래 전부터 국내에서도 시행되어 왔음을 알렸다.

　나는 우리가 미래를 앞둔 시점에서 우려하고 걱정하는 일에 먼저 치우치기보다는 업그레이드하는 시대로 만들어 나가면 된다고 하는 부분에 동감하고 큰 감동을 받았다.

　나노기술의 혁명, 인간과 기계의 지능 결합, 자원의 희소성을 해결할 수 있는 것은 "AI의 기술 진화만이 아니라 결국 인류에게 유익한 방식으로 발전시키고 제한할 마음의 준비이며, 이를 우리가 지금부터 해 나가면 된다."는 그의 연설에서 뜨거운 '열정'을 느꼈다. 앞으로 살아가면서 우리가 꼭 준비해야 할 부분이 진정 무엇인가를 함께 느끼는 계기도 되었다. 결국 우리의 미래 예측 싱크 탱크(Think Tank)는 색다른 무언가가 아니다.

대학 소속의 미래예측학자 호세 코르데이로 교수는 "기하급수적으로 기술이 발전하는 미래에는 노화가 질병으로 취급받고, 의학은 치료보다 예방에 방점을 찍는 미라클 방식으로 발전될 것"이라고 발표했다. 현 인류의 시대가 저물고 한 단계 발전한 초인류 시대가 몇 년 내에 도래할 것이라고 전망한 호세 교수는 "유전자 기술의 발전으로 인간은 노화를 치료해 오래 살 수 있고, 죽음을 치료하는 기술도 가까운 미래에는 불가능한 일이 전혀 아니다."라고 밝히면서 세계 많은 사람들을 기대와 흥분으로 몸서리치게 했다.

적어도 의료계에서만큼은 희귀병을 앓고 있거나 아픈 이들을 위한 의료기술 분야의 인공지능 개발과 세포 강화 인공 기술들이 보이지 않는 계급과 계층에 국한되지 않고 정말 필요로 하는 사람들에게 하나씩 실현되어 나가길 바란다.

인공지능의 발전은 전통적 산업인 금융과 IT의 경계선도 허물고 있다. 컴퓨터 알고리즘 최적화 전문가로 국내 최초의 알고리즘 트레이딩 시스템을 개발한 서울대학교 문병로 교수는 "미래의 트레이딩은 알고리즘이 키워드"라며 "자본 시장에서는 인공지능을 이용한 더 놀라운 일들이 앞으로 더 많이 벌어질 것"이라고 밝혔다. 문병로 교수는 또 "미래는 곧 금융과 IT에서도 많은 정보처리 기술 서비스로 더욱 다양하고 폭넓은 변화가 이루어지게 될 것"이라고 강조한다.

변화를 일으키는 것은 기계지만,
이것을 창조하고
발전시켜 나가는 것은 인간이다.

우리나라도 현재의 반도체 IT 기술력을 바탕으로 지금부터 지능정보기술 등을 집중적으로 육성해 나가면 금융, IT, 지능정보산업에서 다른 국가보다도 먼저 선도 국가로 도약할 수 있을 것이며, 이와 함께 인류가 노동으로부터 해방되어 삶의 가치와 현실이 더욱 풍요로워질 것이라고도 생각한다.

그러나 이를 장밋빛 전망으로만 생각할 수 없는 것은 미리 언급한 것처럼 격차, 불평등에 대한 문제가 아직은 남아 있기 때문이다. 결국 미래의 기술, 정보를 가진 자들만이 풍요의 혜택을 누리게 되진 않을지에 대한 우려가 든다.

예상되는 문제를 방지하고 최소화하기 위해서는 지금부터라도 지능정보기술의 발달과 발전, 육성에 대해 부정적 측면에 서 있는 소수 사람들의 의견을 열린 마음을 가지고 귀 기울여 들어야 할 것이다.

나에게 추천할 미래 직업 이색 키워드

최근 IBM 리서치의 연구 「미래의 이색 직업」편에서 미래에 가장 열정적으로 도전할 섹시한 직업에 대해 조사한 바가 있다.

직업 1위는 컴퓨터나 로봇 등이 인간과 같이 생각하고 의사 결정을 내릴 수 있도록 관련 프로그램을 개발하는 개발자 분야의 신경회로망 연구원이다.

인공지능 전문가와 비슷한 직업으로 인공지능의 영상 및 음성 인식, 로봇의 제어, 통신 등에 사용되는 융합형 반도체 및 응용기술을 연구하고 개발하는 일을 담당한다. 인간의 뇌와 뇌세포 구조에 대한 지식을 바탕으로 컴퓨터나 로봇 등에도 인간과 같이 사고하고 학습하는 능력을 갖게 하는 것을 가능케 하는 프로그램 개발자로 다양한 기술을 총 망라해 적용할 수 있다.

2위는 3D프린팅 운영 전문가이다.

미래 융합형 프린터의 개발로 다양한 산업 현장의 제품들이 3D, 4D프린터를 통해 생산되고 있다.

3D 프린터를 이용해 큰 제품부터 작은 부품까지 다양한 범위의 제품을 인쇄할 수 있으며, 다양하게 활용할 수 있다. 3D 프린팅 운영 전문가는 3D프린팅 기술은 물론이고, 인쇄하고자 하는 제품의 모델링 작업, 도면 제작 등 인쇄하고자 하는 제품의 모양까지도 알 수 있어 직접 도면을 작성하는 기술까지도 함께 구현할 수 있다.

3위는 드론 전문가이다.

무인항공기인 드론을 조종하거나 개발하는 전문가로 카메라가 내장된 드론은 항공 촬영이 가능하기 때문에 방송 매체, 영화사 등 다양한 곳에서 수요가 있다.

또한 드론과 다른 분야의 기술을 접목한 새로운 형태의 드론들까지 개발되고 있어, 2010년부터 이러한 작업들을 시도하고 있는 세계 여러 스타트업 회사와 이에 관심을 가지는 글로벌 제조 기업들도 점점 늘어나는 추세이다.

드론 전문가는 드론을 개발하는 것부터, 드론 조종 전문가, 기술 개발 등 다양한 분야의 직업으로 파생될 수 있다.

4위는 생명 정보 분석가로 생물의 유전자, 인간의 전체적인 정보 등을 분석하는 연구자를 말한다. 생물학 데이터를 수집, 분석하여 질병을 치료하거나 생명 정보를 활용한 새로운 기술을 만드는 데 필요한 정보를 연구하는 직업이다.

생명 정보 기술은 생물학 데이터를 저장, 분석, 해석하는 계산적인 생물학을 의미하기도 하고, 생물 시스템의 정보 처리 원리를 기초로 컴퓨터나 인공 지능 시스템을 개발하는 연구 분야로도 발전할 수 있는 가능성을 품고 있다.

4차 산업혁명 시대의 주요 기술 중 하나인 인공지능 기술에 절대적으로 필요한 분야인 만큼 생명 정보 분석가라는 직업의 중요도는 앞으로 더 높아질 것으로 예상된다.

그 외의 직업들로는 다음과 같은 것들이 있다.

태양열 에너지 연구원
환경에 관심이 많아지면서
태양열과 같은
친환경 에너지에
관심이 집중되고 있다.

스트레스 해결사
건강에 관심이 많아지면서
스트레스 해결사를 찾는
사람이 많아질 것이다.

우주 비행사
항공 우주 분야가
발전하면서
관련 계통의 직업이
인기 있을 것이다.

놀이 디자이너
행복한 삶에 대한
관심이 높아지면서
놀이 디자이너가 인기를
끌 것이다.

당장 2, 3년 후 혹은 10년 내 미래 전략은 어떻게 전개하는 것이 좋을까?

당분간 세계의 경기 하락은 피할 수 없다. 이 경기 하락이 우리 사회에는 더 이롭게 작용할 것은 결과적으로 더 강력한 구조조정 개혁이 강제되어 나갈 것이라는 점에 있다. 모든 결정과 행동은 위기 속에서 사람들이 현실을 대면하면서 이루어졌기 때문이기도 하다.

2012년부터 2015년 사이 우리 사회는 노동시장의 크고 작은 조정 개혁들이 합해지면서 사회적 혼란이 야기되었다. 이미 우리 사회에는 1,000만 명 이상의 청년 및 중장년 실업자가 있다. 길게는 2020년 초까지 이러한 위기가 계속될 것이라는 점에는 많은 경제 전문가들도 의심의 여지가 없다.

이런 위기가 닥칠 때 당신이 휩쓸리지 않으려면 1990년대와 2000년대 전례 없이 누렸던 호황의 경험이나 수십 년 전의 좋았던 기억으로 당신을 이끌어보는 것도 하나의 방법이다.

최고의 대응 전략은 긍정의 에너지에서 기획할 때 그 빛을 볼 수 있다. 이미 당신은 한 번 정도는 인생에서 호기(好期)를 가졌던 사람일 확률이 높다.

10년 내 우리 사회는 과거 수백 년과 비교했을 때 성장률 자체는 몹시 둔화될 가능성이 크다. 하지만 더 큰 혁신을 이룰 미래, 2035년 정도, 당신의 나이가 60세에서 65세 사이의 퇴직 연령이 되었을 때, 지금보다는 근로 기간이 확대된다는 전략을 계획해 생산성을 높이는 삶의 지표를 미래 대응안으로 세워 놓아야 한다.

어차피 당신과 우리가 피해갈 수 없는 위기의 시간은 몇 년 내 한 번은 더 올 것이다. 그렇기에 미래의 새로운 직업을 고민하는 것 역시 두려워해서는 안 된다. '열정'이라는 표현에 자신이 있다면 나이는 숫자에 불과하다. 나이를 더 이상 당신의 선택에서 장애물로 만들어서는 안 된다.

미래 전망을 한 발 앞서 내다보고 제2, 제3의 인생을 이 시점에서 미리 준비해 나가는 것이 보다 현명한 판단이다.

고령화 문제를 해결하고 다가오는 위기에 더욱 분명하게 대처하고 당신만의 미래 혁명을 이룩할 수 좋은 기회로 앞으로의 10년 내 시간들을 잘 이용하길 바란다.

분명 10년이란 시간은 짧다. 하지만 허송으로 보낼 시기는 더더욱 아니니 당신이 잘 구현할 수 있는 새로운 대응 전략을 빠르고 치밀하게 준비해야 한다.

당신이 꿈꾸는 미래의 전략으로 만들어질 가장 큰 보상은 자녀 양육의 의무가 끝나고 더 이상은 남에게 그리 섹시해 보일 필요가 없어져 마침내 내가 누구이고, 내 인생에서 가장 하고 싶었던 일이 무엇인지 받아들일 수 있게 된다는 점이다.

그것은 바로 당신과 나, 우리 자신들임을 잊지 말아야 한다.

대변혁의 시대를 미리 예측하고 반드시 함께 준비해야 한다.

지능 정보 기술이 발전하는 미래에는 인간이 의무적으로 미래를 예측하고 준비할 수 있어야 한다는 뜻이며, 향후 25년 동안은 변화가 보다 더 훨씬 빨라질 것이다.

인공지능, 슈퍼컴퓨터, 나노바이오 기술 등의 급격한 발전으로 인간의 평균수명은 늘어나고 나아가 의학의 개념까지 바꿀 수 있는 역할을 해낼 것이다.

그러나 인공지능 자동차 같은 혁신을 예로 들자면 현실은 조금 아쉬운 면이 있다.

현재 미국과 유럽에서 전기 차 애플로 불리는 테슬라TESLA가 시판 중이다. 사람들로부터 인기와 관심이 매우 높지만, 한 대에 40만 달러, 한화로 약 4억이 넘는 높은 가격에 판매되고 있다.

결국 돈 없는 일반 대중들은 아직은 구경도 못 할 먼 산처럼 보인다. 충분한 경제적 능력이 있는 사람들에게 집중되고 실현되는 미래 산업 증강기술의 수혜와 혜택은 어쩔 수 없는 자본의 논리성과 연결이 되어 현실에 적용되고 이루어지고 있다.

미 항공우주국NASA과 구글이 공동 설립한 미국 싱귤래리티 당신만의 10년의 준비가 잘 된다면 당신의 미래는 인공지능 같은 변화의 산물들과 함께 융합되면서 당신이 이상적으로 꿈꾸고 바랐던 시간 속으로 다가갈 수 있을 것이다.

나이가 들어 신체적인 활력이 떨어졌음에도 인생 최고의 시간은 은퇴 후 즐기고 있다고 말하게 될 시대가 바로 우리가 맞이하는 가까운 미래의 긍정적 요소이기도 하다.

더 이상 인생에서 연극할 필요도 없고, 시간도 없다. 하루빨리 변화를 결정해야 한다.

지금부터라도 자기 자신이 아닌 다른 누군가가 되지 않기를 바란다.

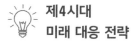

제4시대
미래 대응 전략

① 곧 도래할 제4시대, 도전적인 이 시기를 부정적으로만 보지 말라.

자산과 수익을 보존할 수 있는 유례 없는 기회로 여겨라.

현재의 위기는 개인과 국가 그리고 전 세계가 몸서리치는 부동산 버블, 인플레이션 등에 따른 과도하게 비싼 이자, 필요 이상으로 높은 물가 등의 모든 어려움들과 빠르게 겹쳐지면서 생겨난, 당신이 이겨내야 할 문제일 뿐이다. 이로 인해 겪을 착오는 결코 당신의 무능과 잘못 때문이 아님을 인정하라.

지금을 형편에 맞게 현재의 삶을 조정하고 앞으로의 토대를 닦아 나아갈 수 있는 기회로 삼기 바란다.

이미 당신은 이 시간을 준비해온지 오래 되었을 것이다. 때를 더 늦추지 마라. 다가오는 봄에 대비해 씨를 뿌린다면 앞으로 최소 10년간 당신은 저렴한 비용을 투자해 큰 수익도 얻을 수 있다.

② 지난 수십 년 동안 국내외에서 누적되어 온 위기를 외면하지 말라.

당신의 열정을 통해 기술적 진보들을 배워야 할 시기다.

위기를 통해 그간의 과잉을 반성하고, 보다 더 조화롭게 지속이 가능하도록 성장의 새로운 방법을 이용하고 개발하라.

③ 점점 늘어나고 있는 미래의 위험들이 대처하기 어려운 문제라고 절대 생각하지 말라.

이러한 갈등과 위협이 있어야 우리의 '열정' 의식들이 더 드높아질 수 있다. 그간 쌓아온 나의 실력을 되짚어보고, 부정적 편견을 버려야 한다고 스스로에게 엄중히 경고하라.

이러한 인식만이 미래 지배구조를 바꾸어 확립할 수 있고, 우리 자아를 더 넓고 커진 글로벌 경제 안으로 구축해 노후에 펼치도록 도울 수 있다.

미래의 선진국이란 앞으로 더 많은 성장을 일궈낼 젊은 신흥국 모두가 그 대상이며, 이들은 충분히 상생 협력하는 미래를 만들어 나갈 수 있다.

④ 이 시대의 당신의 도전은 인류가 추구해 온 더 큰 자유와 더 견고한 안전, 더 높은 생활수준을 가속화할 수 있는 기회이다.

우리는 새로운 성장 모델이 분명히 등장했음에도 지난 수십 년 간 안주에 젖어 개혁을 늦춰왔다. 미래의 위기는 과거의 낡은 나의 경영 모델, 근로 형태를 더욱 빨리 폐기하도록 자극해 줄 것이다.

⑤ 기업 소유주들, 경영자들, 노동자 모두 미래 정보 기술과 네트워크의 논리, 변화의 자극을 줄 분명한 원칙들을 찾아내 이해해야 한다.

이러한 원칙들을 통해 우리는 더 자유롭고 더 성공적으로 변화될 수 있다. 이는 위로부터의 명령이 아닌 나로부터의 자발성에서 발현된다. 타인의 대상을 중심으로 하는 환경을 창조해 더욱 맞춤화된 제품과 개인화된 서비스, 미래를 더욱 중시하고 존재와 공헌을 높이 사는 조직으로 개발되어야 한다.

결과적으로 미래에는 당신과 나, 우리 모두가 원하는 것을 함께 이룰 수 있게 된다.

⑥ 절대 수동적으로 반응하지 말라. 적극적이며 선제적으로 대처하라.

다른 사람들이나 지금의 내 환경을 탓하지 말라. 이 버블과 위기에서 당신 자신의 역할이 무엇인지 한 번 돌아보라.

"내가 남에게 대접받고 싶은 대로 남을 대접하고, 비판받지 않기 위해서는 비판하지 말라!"

자신의 미래의 생존과 번영에만 급급해하지 말고 다른 사람들을 가능한 많이 도와주라.

앞으로는 남을 돕는 것을 개인적인 사명으로 여기며, 회사 안에서든 가정에서든 자발적으로 행동하고 이것을 자기 자신과 약속한 소명이라고 생각하라.

미래 전략은 사전 준비에서 좌우된다. 그런 준비가 없다면 실패가 따르는 것이 당연하다.

세계의 인구는 저출산이라는 흐름에도 불구하고 매년 평균 1.7%씩 늘어나고 있다. 2030년경에는 전 세계 인구가 약 90억에 이를 것으로 이코노미스트는 전망하고 있다.

미래 의학의 눈부신 발달과 더욱 고도화된 미래 먹거리 덕분에 다양한 삶의 플랫폼이 들어설 것으로 세계 주요 외신들은 앞다퉈 발표하고 있다.

미래의 가치 결정은 주요 사항의 흐름을 먼저 파악한 후 대응 전략을 가지고 스스로의 삶에 대해서부터 하나씩 제시해 나가는 것이 바람직하다.

그것은 곧 당신의 미래 인적 네트워크형 설정에도 도움이 될 것이다.

미래 사회의 민간 싱크탱크 역할을 할 의학, 문화, 의류, IT 분야의 다국적 기업들은 2005년을 기준으로 시작해, 유네스코의 제4차 산업혁명 시대 공식 선언 직후 계속 연간 세계 기업 등록 기준의 8% 이상을 점유해 나가고 있다.

이제는 미래를 위한 시대의 변화에 적극 대처하고 준비하는 자세가 요구된다. 개인은 삶의 지표 및 의제 설정, 대안적 전략 담론을 통해 스스로의 경쟁력과 차별화를 준비하고, 국가는 정치적 중립성 확립과 미래의 많은 먹거리를 고소득의 부가가치로 창출할 수 있는 소프트웨어의 발전을 도모할 필요가 있다.

소프트웨어 성과를 이루어 내기 위해서는 무엇보다도 다각적인 연구 과제를 통해 개발에 박차를 가해야 한다. 더불어 국내외 다양한 교류와 소규모 프로젝트 지원을 통하여 보다 많은 기업들이 글로벌 네트워크를 구축하고 미래 사회의 많은 실험적 경험들을 축적해 나가도록 국가 차원에서 지원되어야 한다.

이제 앞으로 변환의 10년이다. 미래를 향한 축적된 성과를 점검할 때이며, 향후 10년을 또 다시 바라봐야 할 때이기도 하다.

격변의 물결 속에서 우리의 생존과 번영 등 미래 중장기적 정책 대안들이 마련되고 실행에 주력해야 한다.

국가적으로도 좀 더 가까운 미래를 준비하는 다양한 전문 집단들이 새로 구성되어야 하고, 협업하는 학제 간 연구들을 통해 이론과 현장 경험 중심의 젊은 인재들이 키워져 나가야 한다.

이들이 곧 우리의 미래 사회를 이끌 인재들로서 그들은 이론이 아닌 실천적 논의와 행동으로 선도적인 관점들을 만들어 나가야 할 것이다.

미래의 20, 30대는 우리의 자국적 문화 전통의 이해 위에서 세계사의 흐름을 읽는 과학적 분석과 통찰을 통해 미래 사회의 현실 담론을 주도해 나가는 것도 매우 중요하다.

넓은 시야로 미래를 준비하라

일본 아마존 베스트셀러 작가인 도이 에이지 교수가 미래학 강의에서 이야기한 내용을 인용하여 당신에게도 같은 질문을 한번 던져 본다.

"대륙과 섬과 다리, 그 어느 것을 선택할 것인가?"

당신은 미래의 당신이 살아갈 꿈을 그리며 지도를 펼치고 널리 바라보고 있다. 오른쪽에는 광대한 대륙, 왼쪽에는 푸른 바다가 떠오르는 작지만 아름다운 섬나라가 있다. 그 사이를 가로지르는 대륙과 섬을 이어주는 큰 다리도 있다.

만일 당신이 미래의 부자라면, 대륙과 섬과 다리 중 어느 것을 돈을 주고 살 것인가?

10년 후나 15년 후의 세상을 그리면서 자신의 미래상을 차근차근 준비해가는 흥미로운 논제로 미래에 대한 준비를 프로젝트로 생각하는 사람이라면 이 질문을 투자라는 시점으로 보게 될 것이다. 즉 씨앗을 뿌리는 과정이나 미래를 위한 저축을 해 나가는 과정으로 살피고 생각하게 된다.

미래를 바라보고 살아가는 것이 주는 큰 혜택은 "어떻게 변화할까?"라는 질문에 대한 답을 함께 찾아갈 수 있다는 것이다.

결국 당신과 우리 모두의 변화하는 주변을 흥미진진하고 유심히 바라보도록 유도하여 어느 것 하나 사소하게 넘기는 일 없이 항상 자신의 미래를 준비하고 연결 고리를 찾기 위해 스스로 노력하는 자세, 미래를 전망하고 미래 자신의 모습을 생각하고 상상해 보는 과정을 재미있는 게임에 비유할 수 있게 될지도 모르겠다. 이것은 일종의 미래 맞히기 게임이라고 부를 수 있다.

과거는 이미 알려져 있어서 재미가 덜하다. 그러나 미래는 누구도 확실히 알 수 없기 때문에 항상 흥미와 스릴을 가져다 줄 수 있는 것이다.

하루하루를 그냥 살아간다고 생각하기보다 지금 이 순간에 자신이 투자하고 있다고, 미래를 위해 저축하고 있다고 가정하라. 그러면 삶이 성실함과 유쾌함으로 가득 차게 될 것이다. 미래를 준비하는 과정에서 현재의 성과도 함께 높일 수 있으므로 현재와 미래라는 두 마리 토끼를 동시에 잡을 수 있는 방법이기도 하다.

여기서 '투자'라는 개념은 곧 미래를 준비하는 당신의 '열정'이 되는 것이고, 그것은 바로 우리의 미래 희망을 의미한다.

녹록치 않은 현실 속에서도 강한 희망과 열정을 갖고 있다면 사람들은 씩씩하게 살아갈 수 있게 된다. 강한 희망은 현재를 치열하게 살아갈 수 있는 추진력을 제공해 줄 것이며, '열정'이라는 미래의 희망은 인간이 자신의 시간을 더욱 가치 있게 생각하도록 만들어 주는 기능을 담당하게 될 것이다.

미래를 계획하고 살아가는 사람은 현재 주어진 과제로 인해 지나치게 속병을 앓거나 불편해하지 않게 된다. 이는 곧 시야가 넓은 사람으로 변하게 해 미래를 준비하고 꿈꾸는 자로 격을 상승시킨다.

"각자의 열정으로 저마다의 정상을 향해서 가자!"

이 얼마나 감동적인 슬로건인가!

그냥 단순하게 근근이 먹고 살거나 잘 되는 정도에서 멈추는 것이 아니라 미래의 멋진 자신의 자화상을 그리면서 나아갈 수 있음을 표현하고 있는 것이다.

'열정'은 인간으로서 가진 엄청난 잠재력을 끌어내는 또 하나의 대단한 자기계발 무기임을 잊지 않길 바란다.

무엇을 준비하고 행할지라도 10년은 해야 티가 난다는 말이 있다.

대학 시절 재즈기타를 배우려고 찾아간 나에게 음악 선생님은 이렇게 말했었다. 적어도 30년은 지나야 기타를 제대로 칠 수 있다는 것이었다. 음악을 듣는 데 10년, 배우는 데 10년, 연주하는 데 10년이라고 했다.

결국 그때는 배우기를 포기했지만, 이제 와 생각해보니 그때 배웠더라면 지금쯤 아마추어 재즈 기타리스트는 될 수 있었을 것 같기도 하다.

당시에는 10년이라는 시간이 너무 까마득해 보였다.

그런데 막상 지나고 보니 그 길고 멀게만 느껴졌던 10년이란 시간들은 그저 한순간에 불과함을 알았다.

이렇듯 시간이 물 흐르듯이, 유수처럼 흘러감을 지금 이 글에서도 알았겠지만, 또한 앞으로 살아가면서 더더욱 그 의미들을 느낄 수 있을 것이고 시간이 지나면서 새삼 더 놀랍기도 할 것이다.

더디게 가든 빠르게 가든 시간은 반드시 흐른다. 한 분야에 열중하다 보면, 자신도 모르는 사이에 시간은 훌쩍 지나가고, 실력은 훌쩍 향상되어 간다.

사실 무엇을 하든 적어도 10년은 해야 그나마 티가 난다. 그런데 대부분의 사람들, 특히 우리 젊은 시절들은 그렇게 오랜 시간을 지속할 엄두가 나지 않아 시작도 하기 전에 나처럼 이미 포기하는 경우가 대부분이다. 나부터 반성하고 돌이켜 생각하여 남은 인생의 교훈으로 삼아야 할 일이다.

예전에는 '패스트푸드 시대'라는 말이 있었다. 앞으로는 무슨 일이든 결코 단기간에 끝내겠다는 생각은 없어져야 할 것이다. 미래의 성공을 위해 들이는 노력은 아직은 시작이라는 단어로 진행해야 할 것이다.

나의 부모님은 내가 아주 어렸을 적부터 내게 하나라도 특기를 키우라고 주문하셨다. 어린 마음에 귀찮고 피곤한 잔소리 같았는데, 이제야 그 말의 의미를 좀 알 듯 하다.

"특기는 곧 경쟁력이다."

평범한 삶이라 불리는 삶을 사는 사람들의 능력들을 나열해 펼쳐 보면 대부분 비슷비슷한 실력을 지니고 있다.

이제 미래에는 탁월한 특기를 한 가지라도 지니고 있는 사람이 돋보이게 되는 시대로 변해 나갈 것이다.

이 글을 읽는 10대, 20대, 30대라면 지금이라도 부모님의 조언을 한 번 더 진지하게 받아들이기를 제안한다.

만일 어린 시절부터 당신의 특기를 발굴했다면, 지금쯤 또는 앞으로 내 인생은 더 멋지게 달라져 있을지도 모른다. 오랜 시간 갈고 닦은 특기는 미래의 나에게 가장 강력한 무기가 되어줄 수도 있다는 것을 기억하라.

삼성그룹의 이건희 회장은 부친의 명에 따라 초등학교 시절, 일본에서 유학 생활을 했었다고 한다.

어린 나이에 부모와 떨어져 산다는 것이 얼마나 외롭고 두려운 일이었겠는가?

그가 3년 남짓의 일본 유학 시절에 무려 1천 편이 넘는 영화를 본 것은 미래의 두려움에 대한 몸부림이었을까?

그는 아주 어린 나이부터 자신의 무기를 정비하는 습관을 들였고, 그 무기가 오늘날의 이건희를 만들었다고 해도 과언은 아닐 것이다.

이 땅의 젊은 후배 '을'들에게 자신만의 칼자루 하나, 자신만의 특기 하나쯤은 갈고 닦으라고 당부하고 싶은 이유도 여기에 있다.

이미 늦었다고 생각할지 모르지만, 적어도 50세 전에는 충분히 가능할 것이라 생각한다.

마흔이 넘으면 얼굴에 책임지라는 말이 있다. 나는 이 말을 마흔을 넘으면서 얼굴의 개성이 확실해진다는 뜻으로 이야기하고 싶다. 당신이 쌓아온 연륜과 실력이 얼굴을 통해 나타난다는 말이기도 하다.

마흔 전에는 자신의 능력이나 속마음을 잘 숨길 수가 없는 것도 또 하나의 이유이다. 그래서 50세가 되기 전에 가급적 모든 준비를 끝마치라고 이야기하고 싶다.

당신에게 던지고픈 질문이 있다.

10년만 투자하라.

그 10년의 투자로 이후 몇 십 년의 삶이 달라질 수 있다면 분명 남는 장사이지 않겠는가?

잭 웰치 Jack Welch와 같은 전문 CEO가 되든 빌 게이츠 Bill Gates와 같은 대부호가 되든 목표를 이루기 위해서 가져야 할 공통점은 반드시 '열정'을 갖는 일이다.

당신이 몇 살이든 미래 사회에서도 이것은 반드시 통용된다. 이러한 명제에 대해 식상하게 계속 열정 타령이냐고 비난

할 이들이 있을지도 모른다. 그러나 열정이 없다면 당신의 미래는 불안하다고 해도 과언이 아니다.

일단 자신의 열정의 모델이 당신의 회사 내 CEO를 닮는 일이라고 가정해 보자.

그의 일거수일투족을 면밀히 관찰하고, 일단 보이는 그대로 따라해 보라. 전부를 그대로 닮을 필요는 없지만, 일단 따라 하다 보면 자신이 취할 것과 버릴 것을 자연스럽게 구별할 수 있게 될 것이다.

특히 CEO에게 배워야 할 부분은 표정 관리다.

직원 앞에서는 인상을 쓸지언정, 고객이나 거래처 사람 앞에서는 기분을 철저히 감춘다. 늘 웃는 얼굴로 상대의 기분을 좋게 만드는 점, 바로 이 점이 당신이 배워야 비결이라고 할 수 있다.

또 하나, 업무 숙련과 혁신 마인드도 잊지 말라.

업무 관련 서적을 읽고 연구하고 정복하는 방법이다.

현재 통용되는 방법만이 답인지를 항상 머릿속에 두고 남과 다르게 생각하며 찾아 보자.

이렇게 가까운 주변의 인물들을 목표로 열정의 한두 가지만 잘 깨우쳐도 미래의 세상은 달라지고, 현실의 당신이 지니는 능력도 변화될 것이다.

한 가지 더 당부하고 싶은 것은 관심의 마인드를 갖는 것이다.

일반적으로 마케팅팀이나 제품개발팀 혹은 경영지원팀이 아닌 부서는 회사의 경영 혹은 매출 쪽에는 관심이 별로 없다. 물론 당신이 속한 부서의 일을 충실히 이행하는 것이 본연의 업무이나 여기에 더해져 우리 회사가 어떻게 하면 더 이익을 만들 수 있을까도 생각하는 사람이 되어야 한다.

이런 관심의 마인드는 당신을 현재의 열정인으로 만들어 미래의 성공을 예약하는 결과를 가져올 것이다.

안랩의 안철수는 "수명이 늘어나고, 세상이 급격하게 빨리 변하고 있기에 누구나 평생 세 개의 직업은 갖게 될 것"이라고 말한다.

10년 후, 아니 5년 후 자신이 무엇이 되어 있을 것인가를 생각하지도 않고 열정의 삶을 꿈꾸지 않으면서 미래의 성공을 바라는 것은 어불성설이다.

남보다 나아지기 위해서는 지금 새롭게 자신을 바꾸기 시작해야 한다. 그래야 세상이 바로 보이고, 미래의 4차시대에 대비해서도 빠르게 진화해가는 자신을 느낄 수 있을 것이다.

관심의 마인드를 가짐으로써 그 장점을 십분 활용해 성공한 사람들의 이야기를 예로 들어보고자 한다.

국내에서 운영 중인 수백 개의 인쇄소 중 지난 15년간 제일

OO테크 인쇄소는 변함없이 그 명성을 지키고 있다. 권 대표는 유명한 회사의 CEO 출신도 아니며 또한 대단히 돈이 많거나 고학력의 학식을 내세우는 사람도 아니다. 그저 우리의 주변에서 볼 수 있는 평범함 그 자체인 인물이다. 그러함에도 불구하고 내가 그를 첫 번째로 꼽는 이유가 있다. 그가 지금까지 아주 작은 일에도 열정을 다해야 한다고 주변의 모든 사람들에게 이야기하고, 행동으로 실천하면서 부모에게 물려받은 것 없이 오로지 자신이 가진 마음, '열정' 그 하나로 성공의 문을 연 사람이기 때문이다. 배우 김병옥 씨와 닮아 선이 매우 굵어서 나는 그를 사석에서는 영화 속 캐릭터 이름인 김 선생이라고 부르기도 한다.

그가 입버릇처럼 하는 말들은 "되풀이되는 일상과 익숙해진 직장 생활 속에 맥없이 나를 묻지 말고, 예전에 나를 벅차게 했던 첫 마음을 기억하라."는 것으로 요약할 수 있을 것이라 생각한다. 첫 마음을 떠올리는 순간, 어떤 어려움도 이겨나갈 '백만 불짜리 열정', 결국엔 그것이 당신의 마음과 비전의 가슴을 두드릴 것이다.

여성 사업가 백모 씨는 술을 거의 못한다. 사업을 하면서도 술 접대는 하지 않는다. 거래의 상당수가 술자리에서 성사되곤 하는 비즈니스계의 현실에서, 술을 못한다는 사실은 아킬레스건이라 할 수도 있다. 그럼에도 불구하고 백모 씨의 사업은 성공가도를 달리고 있다.

비결은 다름 아닌 열정 컨설팅에 있다. 그녀에게는 사람의 마음을 읽으려 하는 습관이 있어서 이 점을 활용해 인간관계를 컨설팅한다.

술자리에서조차 털어놓을 수 없는 개인적인 고민을 열과 성의를 다해 자신의 일처럼 들어주는 그녀에게 상대방은 신뢰와 호감을 갖고 그녀를 점점 파트너로 대하게 된다.

비교적 일찍 사업에 성공한 구모 씨 역시 술을 거의 못한다. 그런데 그는 연 매출이 몇 백 억에 달하는 탄탄한 기업을 운영하고 있다.

비결은 순박하리만큼 철저하고 긍정적인 성실 마인드이다. 제품 하나하나에 정성을 쏟고, 경쟁 회사보다 디테일한 서비스를 제공했더니 저절로 고객들이 늘어났다.

술 접대 한 번 안 하는 사람이라고 괘씸하게 여기는 사람들은 없다. 제품과 서비스에 충분히 만족하기에 기본적으로 더 이상 요구할 것이 없는 것이다.

전직 은행 지점장인 사업가 정모 씨는 처음 사업을 시작했을 때 난항을 겪었다. 원래 그는 은행 지점장 시절, 자산가들에게 자금을 융통해주는 일에 탁월한 능력을 보였다. 일부 고객에게는 건물 토지에 관한 조언을 해주어 큰 부자로 만들어주기도 했다. 그런데 사업은 전혀 별개 분야인 교육 부분에

도전했던 것이다.

그는 이내 자신이 가장 잘하고 능력을 보여 왔던 파이낸스 쪽으로 사업 방향을 바꾸었고, 그 덕분에 지금은 사업이 척척 잘 진행되고 있다.

보험 세일즈를 하는 박모 씨도 여느 설계사와 다른 전략을 갖고 있다. 보통 보험 설계사는 연고를 바탕으로 세일즈를 하지만 이는 일정 기간이 지나면, 부탁할 사람이 바닥나고 한계에 부딪히게 된다.

박모 씨는 시간이 조금 걸릴지라도 고객 한 명 한 명을 새로 만드는 것을 원칙으로 삼았다. 낯선 사람들에게 보험을 파는 일은 어려웠지만, 일단 고객이 된 사람들에게는 꼭 필요한 정보들을 무상으로 제공하면서 그들의 호감을 샀다. 입소문을 타고 고객의 수도 점차 늘어갔다. 그는 하루도 빠지지 않고, 고객들에게 재테크 관련 소식 레터를 매주 보내고 있다. 얼마 전 나도 이 레터를 받고 건강 보험 하나를 더 들었다.

이 사람들은 지금의 실력과 준비가 완벽해서 성공한 것만은 아니다. 당신과 똑같이 미래를 불안해했고, 자신만의 취약점이 하나 이상은 있었던 사람들이다.

다만 자기만의 무기로 이를 보완했고, 현재 무기를 갈고 닦으면 언제든 기회가 온다는 믿음을 가졌기에 지금의 성공을 손에 넣은 것이다.

나이가 들면 점점 모임에 나가는 것도 쉽지 않다. 나가는 곳마다, 나갈 때마다 찬조금을 내라고 은근히 압력을 받는다.

미래 사회에서도 돈이란 인간관계를 끌고 나가는 데 매우 중요한 요소가 될 것이다. 돈이 없으면 어디에서도, 누구도 반겨주지 않을 것이 당연하다. 그들에게 돈 이외에 줄 만한 다른 특별한 무언가가 없다면 더 쉽지 않은 노년이 될 것이다.

어느 틈엔가 찾아온 미래의 노년에 돈 없이 사는 것은 가시밭길을 걷는 것과 마찬가지이다. 나이가 들기 전에 나를 바꾸고 비단 돈뿐이 아닌 자신의 무기 하나쯤을 더 품에 지니고 있어야 한다고 이야기하고 싶다. 그래야 미래에 당신은 대접받을 수 있다.

앞에서 이야기한 "넓은 시야로 바라보라"는 질문에 대한 답은 '미래를 응시하는 포지션'의 관점에서 선택을 하라는 것이다.

작은 섬과 대륙을 비교했을 때, 단순히 커다란 쪽을 사면 된다는 생각은 섣부른 판단이다.

작은 섬나라에는 굉장한 지하자원이 묻혀있을지도 모르기 때문이다.

그렇다면 작은 섬에 걸겠다는 생각 역시 섣부른 도박이다.

허울만 그럴듯하지 물 한 방울 나지 않는 섬일지도 모르기 때문이다.

대륙의 가치도 섬의 가치도 미지수일 경우 사야 하는 것은 큰 다리다.

섬에서 대륙으로 갈 때나 대륙에서 섬으로 갈 때나 다리가 없으면 사람들은 통행할 수가 없다.

미래를 응시했을 때 절대적으로 필요한 것을 준비하고 사야 한다는 것이 선택의 요점이다.

성공한 사람들이 어떻게 단점을 상향시켰는지, 어떤 식으로 장점을 극대화시켰는지를 살펴보는 노력을 시작한다면 어느 것을 선택할 것인가에 대한 정답을 당신은 충분히 가늠해 낼 수 있을 것이다.

미래 인재는 더 나은 가치를 지속적으로 만드는 사람이다. 따라서 미래 인재에게 필요한 것은 지금의 혁신과 변화를 두려워하지 않는 것이다.

현재의 혁신과 변화는 결국 미래의 성과로 연결될 수 있을 때에만 그 가치를 지닐 것이다. 혁신을 아는 것에서만 안주하고 머물러 있어서 안 된다. 성과로도 연결되지 못한다면 그것 역시 그저 지적 유희에 그칠 뿐이다. 학자에게는 도움이 될 수 있겠지만, 미래의 전략을 가져야 하는 당신과 나에게는 별로 바람직한 일은 아닐 것이다.

💡 미래의 변화를 학습하는 학습자가 되어라

　미래를 공부하는 '학습자'가 되어라. 그것이 유일하게 살아남을 수 있는 지금의 선택이다.

　변화는 불편함과 두려움을 가져온다. 따라서 변화를 인식하는 것과 변화를 실행하는 것 사이에는 항상 커다란 간극이 생길 수밖에 없다.

　이러한 이유로 성공적인 미래의 기대나 바람에 비해 큰 성과는 거두지 못하게 된다.

　변화는 문제를 해결하고, 동시에 실행을 성공시킬 수 있어야 한다는 것을 기억하기 바란다.

　미래 사회로 가는 길목에 중요한 '변화'란 무엇인가?

　첫째, 변화는 삶이다.

　자연스럽게 세상의 변화에 발맞추어 더 나은 상태를 향해 나아가는 것은 삶의 자연스러운 한 단면이다.

　둘째, 변화는 과정이다.

　변화의 정답은 주어지는 것이 아니라 찾아내는 것이다. 쉽지는 않겠지만 당신은 탐구자의 자세와 마음가짐으로 이 변화를 대해야 한다.

　셋째, 변화는 여행이다.

목적지를 향해 나아가야 하지만 그 모든 과정을 즐길 수 있도록 노력해야 한다. 순간마다 의미를 부여하면서 최선을 다하다 보면 어느새 목적지에 도착해 있을 것이다.

넷째, 변화는 솔선수범이다.

누군가의 지시나 통제보다는 당신의 마음이 움직일 때 진정한 변화가 일어난다. 그러므로 변화의 성공을 염원하는 사람이라면 스스로 모범이 되도록 노력해야 한다.

다섯째, 변화는 실천이다.

백 마디의 말보다 더 중요한 것은 실천을 통해서 성과를 만드는 일이다. 만들어낸 것을 실제로 보여줄 때 변화는 가속화될 수 있다.

여섯째, 변화는 오뚝이다.

실수나 실패를 감수하지 않고서는 변화를 제대로 성공시킬 수 없다. 지금 또는 앞으로 실수를 범하더라도 훌훌 털고 다시 일어설 수 있어야 한다.

일곱째, 변화는 결단이다.

위험을 무릅쓰고 미지의 것을 향해 한 걸음 내딛는 것은 항상 두려운 일이다. 변화는 그런 두려움을 떨치고 나아갈 때 가능하다.

여덟째, 변화는 마음이다.

변화는 사람들의 마음을 바꾸는 일이다. 헌신과 몰입 상태를 향해서 함께 나아가도록 설득하는 일이기도 하다.

아홉째, 변화는 인간 승리이다.

자신을 이겨낼 수 있어야 성공할 수 있다. 굳어진 습관을 깨고 새로운 습관을 만들지 않으면 안 되기 때문이다.

열째, 변화는 가치를 만드는 일이다. 제한된 자원으로 더 많은 가치를 만들어 미래의 후배들에게 중장기적으로 기회와 이득을 던져주는 일이다.

지금 설명한 변화에 대한 10가지 정의는 필자가 가진 변화에 대한 주관적인 생각이자 미래를 준비하는 열정가로서의 생각이기도 하다.

그렇다면 다른 사람들은 변화를 어떻게 생각할까?

분야마다 걸출한 업적을 남긴 인물들에게 "당신에게 변화는 무엇인가?"라는 가상의 질문을 던져보았다.

명사들이 주는 답은 아래와 같다.

헤라클리투스 Heraclitus

: 지금의 변화 외에 영원한 것은 없다.

사무엘 존슨 Samuel Johnson

: 불편함 없이 변화는 결코 이루어지지 않는다.

벤저민 프랭클린 Benjamin Franklin

: 미래의 당신을 위해 변화하기를 멈추었을 때,

  당신은 사라지게 될 것이다.

존 F. 케네디 John Fitzgerald Kennedy

: 변화란 삶의 법칙이다.

  과거나 현재만을 보는 사람들은

  확실히 미래를 놓치고 말 것이다.

Trigger the Passion

PASSION

제3장

혁신의 시대
"열정을
시스템 하라"

인재의 조건 중
첫 번째는 바로 '결단력',
선택과 집중이다.

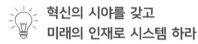

혁신의 시야를 갖고
미래의 인재로 시스템 하라

"열정의 칼자루를 가슴에 꽂아라."

왜 자신만의 칼자루를 가슴에 꽂고 가야 하는지,

그 이유를 납득할 수 있을 것이다.

_ Author Craig H. Mcklein

기술의 진보 그리고 산업의 혁신은 사회적 불평등을 심화시키고 있다. 단순히 빈부의 격차를 넘어서 이제는 상위 1퍼센트 중에서도 1퍼센트의 극소수만 부를 거머쥐는 세상으로 변화되어가고 있다.

새로운 기술 혁신들이 어떻게 불평등을 가속화하고 부의

집중에 기여하고 있을까?

다가올 4차시대의 기술 혁신이 우리 삶에 어떤 식으로 영향을 미치는지는 첫째, 정보, 상품, 서비스의 디지털화, 둘째, 전기통신과 수송 부문의 변화와 혁신, 셋째, 네트워크 효과와 규모로 인한 경제 변화, 이렇게 세 가지로 정리해 볼 수 있다.

4차시대에서 이루어지는 디지털 변화의 혁명은 그간에 이어온 전통적인 제품들의 그것과는 크게 다르다.

먼저 그 형태의 정해진 틀이 없고, 기존의 제품에 비해 수량이 제한되지 않으며, 제품 생산의 한계 비용 역시 현저하게 낮다. 미래의 디지털 세상에서 생산 능력의 한계는 무의미하다. 웹사이트를 가진 생산자가 수백만 명 아니 수십억 명의 소비자의 요구에 대응해 생산을 해 낼 수 있다.

어느 기업이라도 제2차, 제3차시대와는 달리 전 세계의 고객을 만날 수 있는 소규모 다국적 기업이 될 수 있다. 전기통신과 수송 부문에서도 제4차시대의 통신망은 상품의 유통 통로로서 직접적인 운송 수단의 첨병 역할을 할 것이며 이 자체가 혁신으로 세계 시장의 진출이 더 쉽고 훨씬 가까워질 것이다.

이처럼 새로운 변화에 도전하는 많은 기업들은 미래에서 최고의 경쟁력을 가진 기업으로 성장할 가능성을 확보하고,

더 많은 소비자들을 얻을 기회를 만들 수 있을 것으로 보고 있다.

　이외에도 4차시대에 우리의 미래 현실은 어떻게 진행될지 모르는 다양한 요소들과 놀라운(amazing) 현상들이 복합되어 우리의 눈앞에서 빠르게 펼쳐질 것이다. 인간 특유의 창의성과 기계의 능력을 구분하는 경계가 바뀜에 따라 가장 중요한 교육 역시 이에 맞추어 혁신적으로 변화해야 될 것이다.

　교육, 산업, 통신 현장 등 다양한 분야에서 단순한 코딩이나 기술적인 해석, 지식, 노동으로 그간 인간이 만들어 오던 것이 인공지능의 발전으로 개선되고 진화되면서 미래 현장의 대부분은 거의 기계들의 몫이 될 것이다. 기계로 쉽게 대체될 수 있는 노동력을 가진 사람들은 미래의 빈곤층으로 전락하기도 쉬울 것이며, 이에 따른 경제적 패닉(panic) 현상은 고착화되고, 어쩌면 지금의 현실보다 양극화는 더욱 심해질 것이다. 이미 일부 산업에서는 이와 같은 비슷한 단계의 상황들이 발생되고 있다.

　앞으로의 이 같은 문제는 단순히 국내 사정으로 볼 것이 아니라 전 세계적인 추세가 될 것으로 판단된다.

　더불어 의무 기간을 포함한 평생 교육의 기회와 기술 체계도 빠른 시대와 발맞춰 일자리들을 순식간에 바꾸어 나갈 것이다.

2025년을 기준으로 기존 일자리는 35%만 보전이 되고, 나머지 65%는 지금은 존재하지 않는 새로운 일자리로 채워질 것이다.

미래의 나를 준비하고 있다면 이를 근거로 대비하고 새로운 기술의 습득을 시작해야 한다.

개인은 인공지능(AI), 사물인터넷(IoT), 바이오, 나노 신기술 등 융복합 기술 교육 선행 학습이 중요하고, 국가도 지속적인 교육체계 전환으로 평생학습(Life Long Learning)의 구도인 온라인 수업화를 정책화시켜 나가야 할 것이다.

이제 미래 사회는 단순한 이론과 기술 전이에 집중하는 방법으로는 더 이상 그 능력을 발휘하기가 매우 어렵다.

물론 인간적인 인성을 중심으로 한 똑똑한 지성과 따뜻한 가슴이 기본임을 잊지 말아야 한다. 앞으로 우리나라는 더욱 창의적인 능력을 키워주는 교육 정책을 시행함으로써 폭넓은 시야, 가치관과 세계관으로 기계보다 우월함을 유지해 나가는 방법과 방향의 정책들을 펼쳐 나가야 할 것이다.

당신은 지금의 지식이 무용화될 정도로 날로 변화의 속도가 빨라지는 시대를 살아가고 있다. 그러므로 미래의 지식 경쟁의 범위는 세계화, 세분화될 것이라는 실정을 인식, 예상하고, 지금부터 그에 대해 준비해야 하는 것이다.

　글로벌 경쟁력을 확보하기 위해 미래 인재에게 주어진 상황은 치열함 그 자체라 불러도 무방하다. 결국 혁신 속도의 격차에 따라 당신의 미래 인재로서 자리 매김 여부도 달라질 것이다.

　얼마나 빠른 속도로 자신의 지식을 업그레이드해 나갈 수 있는지가 관건이니 여기에 먼저 집중하려면 당신의 열정부터 시스템화 해 나가야 한다.

　그래서 현재와 미래 사이에서 적절한 균형을 유지해 줄 수 있는 역할과 과제 즉 혁신(innovation)으로의 전환이 필요하다.

　당장의 성과를 중시하는 일이 중요한 것이 아니다. 미래 역량을 강화해 나갈 수 있도록 변화의 체계를 받아들여 스스로 나를 시스템화하는 능력이 필요하다. 중요한 것은 모든 것이 향후 그에 따라 좌우될 수 있다는 점이다.

　혁신의 궁극적인 지향점은 시대의 요구와 욕구에 맞추어 나 자신의 능력을 총체적으로 업그레이드해 나가는 것을 말하는 것이다. 한 걸음 더 나아가 나를 이끌 수 있도록 바꾸는 노력을 가속화해 나가는 것을 혁신의 잣대로 삼아야 한다. 이를 통해 더 많은 가치를 부여해야 함을 뜻하며, 동시에 미래의 나라는 입장에서 생각하고 시간당 가치 창조 능력을 높여

가는 과정으로 생각하면 될 것이다.

물론 다른 의견을 제시하는 사람도 있을 것이다. 하지만 수량지표로 시간당 생산성을 높이기 위해 구체적으로 자신이 가진 능력을 계속 변화시켜 나가는 것만이 '자신의 혁신 능력'이라고 나는 말하고 싶다.

그러나 혁신 능력은 자기중심적 사고로 바라보아서는 절대 만들 수 없다. 시대 중심적이고 트렌드에 맞는 즉 타인 중심적인 사고력이 필요하며, 사람들이 원하는 방향으로 자신 역시 변화시켜 나가야 하는 것이다.

상대방이 원하는 것을 알아차렸다고 해도 그냥 기다리는 것으로는 절대 가질 수 없는 것이 또한 자신만의 혁신 능력이다.

어제보다 오늘, 오늘보다 내일, 한 시간 전보다 현재가 더 나은 상태가 되도록 보다 넓은 시야로 미래를 바라보면서 당신의 열정을 시스템화해 나가는 전략을 목표로 삼고 계속 능력을 키워 나가야 한다.

혁신의 시스템은 아래의 두 가지 의미와 연결해 해석하는 것이 도움이 될 것이다.

첫째는 이미 갖고 있는 것을 바꾸는 것으로, 이는 더 높은 가치 창조가 가능하도록 자신이 가진 지식을 업그레이드해 나가는 것을 말한다. 그러나 그렇다고 해서 모든 것이 끝나지는 않는다.

둘째는 없는 것을 만들어내는 것으로, 새로운 것을 만들어 내는 일종의 창조와 관련된 '파괴적 혁신'이라고 표현하는 전문가들도 있다.

혁신 능력은 어느 날 갑자기 주어지는 것이 아니다. 그렇다고 특별한 사람에게만 주어지는 혜택은 더더욱 아니다. 혁신은 지속적으로 진행되며, 노력에 따라 생활의 한 부분처럼 자연스럽게 이루어지게 된다.

정리하자면 '혁신'은 습관의 산물이자 일종의 '열정'이라는 시스템의 결정체라고 말할 수 있다.

혁신을 위한 나름의 시스템을 갖추는 데 성공한 사람은 분명 열정의 결과물을 만들어 낼 수 있다. 그런 결과물을 낼 수 있을 때 "열정을 시스템화 했다"고 할 수 있는 것이다.

당신이 미래의 인재로서 갖추어야 할 조건은 어디서 무엇을 하든지 간에 매일 새로움을 향해 자신의 모든 것을 바꾸어 나갈 마음과 준비된 능력이다.

그것은 일종의 지식일 수도 있고, 습관일 수도 있으며, 생각하는 방법일 수도 있다. 이처럼 자연스럽게 연결된 아이디어가 만들어지면 좋은 기회를 포착하는 능력으로 변한다.

당신은 경쟁력을 유지하도록 해 주는 결정적인 열정을 평생 유지하기 위해 노력해야 하고, 그래야 앞의 모든 것들이 성립된다.

그렇다면 미래의 인재는 무엇을 어떻게 하면 되는 것인가?

우선 목표의 대상을 명료하게 정리하여 생각할 필요가 있다.

평소 자신의 행동과 지식을 유심히 살펴보아야 하고, 거의 모든 것을 자신의 혁신 대상으로 삼을 수 있어야 한다.

자신의 일과 중 기상부터 취침까지를 하나의 프로세스로 보고, 다시 이를 세분화된 프로세스의 조합으로 만들어 나가는 것이 필요하다.

동시에 전문인으로서의 통찰력을 갖추는 것을 구체적 프로세스로 보고, 다시 그것을 기준으로 열정적 행동으로 조합이 되도록 나아가야 한다.

마지막으로 자신에게 집요하게 혹은 반복적으로 "어떻게 해야 더 잘 할 수 있을까?", 한 걸음 더 나아가 "어떻게 하면 최고 수준에 도달할 수 있을까?"라는 질문을 계속 던져보길 바란다.

결국 질문은 답을 준다. 그것도 집요하고 반복적으로 이루어지는 질문에는 반드시 답이 생긴다.

그렇게 하다 보면 자신이 혁신 대상으로 삼은 것 중에서 많은 부분들이 하나씩 시스템으로 이해가 될 수 있을 것이다.

그것은 바로 의욕이 생기게 만드는 시스템, 글을 쓰는 시스템, 새로운 아이디어를 만드는 시스템, 다른 사람을 설득하는 시스템, 평소 말하는 시스템 등으로 세분화가 되어 완성이 되어갈 것이다.

이는 곧바로 각각의 시스템에 대한 혁신 작업 또는 혁신 능력 문제로 귀결이 되어 미래 시대의 변화에 열정적으로 도전하는 것을 멈추지 않게 해 줄 것이다.

이 과정을 통해 궁극적으로는 자신만의 독특한 시스템을 만드는 것이 필요하다. 더불어 다른 사람의 방법을 따라하며 배우는 데서부터 다시 출발선으로 해야 한다.

한 분야에서 걸출한 결과를 일궈낸 사람한테서는 무엇이든 배울 필요가 있다. 이러한 배움의 노력은 다른 사람의 방법을 그냥 따라하는 것이 아니라 나와 비교하면서 자신의 것으로 바꾸어 나가는 동기 부여를 통해 나에 맞춰진 가능한 아이디어를 찾는 것을 도와준다.

'열정역'에 멈춰 서길 원한다면 일단 버려라

미래를 준비하는 대응 전략으로 열정역에서 생각과 말을 키우고 그 속에서 자신을 키워나가고 싶다면 일상에서 주로 사용하는 단어와 문장들이 아래에 있는지 한번 주의 깊게 살펴보자. 혹시 평상시에 이와 같은 자기 비하적인 말들을 쓰고 있지는 않은가?

"결국엔 제가 그렇게 하면 잃게 될 수도 있겠지요."
이런 유형의 사고방식으로 미래를 준비하게 되면 누군가의 희생자 리스트에 거의 매번 당신의 이름이 올라가 있게 될 것이다. 나 자신을 믿기로 결심하면 잃게 된다는 생각은 마음에서 지워야 한다.

"나처럼 평범한 사람에겐 별다른 기회가 없어요."
스스로 평범하고 하찮은 사람이라고 여기지 말라. 당신은 결코 하찮은 사람이 아니다. 그러나 그 생각을 바꾸지 못하면 당신은 앞으로 자주 패배자가 될 것이다.

"나에게 함부로 할 수 없다는 것을 당신들에게 보여 주겠어."
이 말은 강인한 것처럼 들리지만, 이런 태도는 거의 언제나 지게 되어 있다. 우리의 목적은 상대방에게 무언가를 보여주는 것이 아니라 누군가가 빼앗으려 하는 구체적인 실리를 찾아오는 것이다.
'다른 상대에게 보여주기 위해'라는 목적을 설정하는 것은 타인에게 자신을 지배해도 좋다고 허용하는 것과도 같다.

 "내가 이럴 때 당신이 화내지 않았으면 해."
 상대방이 화를 낼지도 모른다고 걱정한다면 당신이 상대방의 분노에 겁먹고 있다는 것을 다른 사람에게 알리는 것과 같다. 상대는 자신을 희생시킨다는 생각이 들 때마다 당신에게 화를 낼 것이다. 걱정하지 말라. 결정하면 그냥 밀고 나가라!

 "내가 어떻게 하면 네가 좋을 거 같니?"
 이쯤 되면 자신의 의견보다도 남의 의견을 더욱 중요시하겠다는 것이다. 어떠한 사람에게도 당신이 부족하다는 느낌을 주지 말라. 그들은 결국 당신을 희생시키려 한다.

 "내가 상대방의 감정을 상하게 할 것 같아 두려워."
 사람들이 상한 감정을 드러내는 이유는 대체로 '감정이 상한 자'가 일부러 더 그런 전략을 취하기 때문이다.
 상대방의 그런 감정에 쉽게 속아 넘어가지 말라. 그들은 자신들의 상한 감정을 반복적으로 되풀이하여 드러내는 전략을 자주 이용한다.
 결국 희생자는 자기가 다른 사람들의 기분을 상하게 하지는 않을지 항상 눈치 보면서 살아가게 된다.

"나 혼자서는 도저히 해결할 수 없을 것 같아. 나와 함께해 주길 바라."

다른 사람에게 대신 싸워달라고 손 내밀기보다는 일단 그 싸움을 피하는 것이 낫다.

자신의 일로 남에게 의지하거나 부탁하지 말라. 그저 두려 움과 고민만 더욱 심해지기 때문이다.

"이래도 될까요? 별로 정당하지 않은 것 같은데."

세상을 있는 그대로가 아니라 어떻게 되기를 바라는 관점 으로 판단하고 있는 것은 아닌지 생각해 보라.

때론 올바르지 못한 방식으로 행동하기 마련이지만 그래도 소신을 갖고 정정당당하게 맞서라!

💡 열정의 미래 인재 조건 1
: '결단력' 즉 선택과 집중

2017년 3월 한국은행이 발표한 우리나라의 GNI(Gross National Income, 1인당 국민총소득)는 2만 7천 5백 달러로, 선진 국의 기준으로 여겨지는 3만 달러에 진입하지 못했다. 1인당 국민총소득이 2만 달러를 처음 넘은 것은 지난 2006년이었다. 2009년 세계 금융위기 때 1만 달러 대로 떨어졌다가 다시 증가세로 돌아섰지만, 최근 3년간은 2만 7천 달러 선에서 계속 제자리걸음 중이다. 2만 달러 진입 이후 10년째 3만 달러의 벽을 넘지 못하고 있는 것이다. 이것의 가장 큰 이유는 국민 소득을 올릴 만큼 경기가 성장하지 못했기 때문이다. 지난해의 경제성장률은 2.8%, 최근 5년을 따져 보면 2014년에만 3% 성장을 했을 뿐 4년째 2%대의 낮은 성장률을 기록하고 있다. 3% 성장과 소득 3만 달러의 문턱은 아직은 먼 산처럼 느껴지는 모습이다. 또 하나의 큰 이유는 경제의 성장력이 일정 한계에 부딪히는 내수경기 저하이다. 오랜 경기 부진으로 인해 경제를 지탱하며 맞물려 돌아가던 가계, 기업, 정부의 균형에 문제가 생겼기 때문이다. 이러한 위기는 미래를 생각하는 우리에게 특히 현재의 20, 30대에게는 큰 과제이다.

그러나 지금의 20, 30대 젊은 당신부터 미래 산업 생태계의 먹거리를 찾고 만들어 나간다면 그동안 반복적으로 되풀이되던 경제 성장 위축은 제4시대에는 반복되지 않을 것이며, 우리의 미래 경제를 충분히 살려나갈 수 있을 것이다.

새로운 제4시대를 준비하는 데 있어서 우리의 가장 기본은 역시 인재다.

미래의 열정으로 뭉친 젊은 2030들의 약진이 필요하다. 그들이 갖춰야 할 여러 조건들을 한번 정리해 보고자 한다.

일단 20년 넘게 외부 자극에 휩쓸리고 목적한 것에 집중하지 못하는 잘못된 습관들을 버려야 한다.

물은 100도씨가 되어야만 끓기 시작한다. 찬물에 불을 붙이면 바로 끓지 않으며, 끓기 전에 온도가 1도씩, 1도씩 차근차근 올라간다는 것을 우리는 잘 알고 있다.

97도, 98도, 99도를 거쳐 드디어 100도가 되었을 때 비로소 물이 수증기를 내며 끓기 시작하는 것처럼 인재의 조건도 같은 논리이다.

자신의 선택한 것에 집중하고 포기하지 않고 계속하는 자세, 이것은 절대법칙이다.

스티브 잡스가 지금의 애플을 만들었을 때, 내부의 그 어느 누구도 그를 도와주지 않았고, 견제하며 꺼려했다. 곱지 않은 시선을 받았고, 지지자보다는 어떻게 해서든 그를 끌어내리려고 하는 사람들이 더 많았다.

그러나 스티브 잡스가 애플에 복귀해서 첫 번째로 한 일이 무엇인지 아는가?

그것은 바로 모호한 것들을 모두 잘라내는 일이었다.

스티브 잡스는 혁신에 대해서 이렇게 말했다.

"혁신은 천 개의 가능성을 포기하고 하나에 집중하는 것이다."

그래서 그는 복귀하자마자 가장 잘 할 수 있는 것에 집중하고자 했다. 그 당시 다른 기업들처럼 이것저것을 다 하려고 했다면 오늘날의 애플은 없었을 것이다.

애플처럼 세계적인 기업도 잘하는 것 하나에 집중한다. 그런데 당신 혼자서 이것도 저것도 다 하려고 한다면 결과는 뻔하지 않겠는가? 변화와 혁신은 사라지고 그저 정말 답답하고 좋지 않은 결과들의 현실만이 기다리고 있을 것이다.

그렇다!

인재의 조건 중 첫 번째는 바로 '결단력', 선택과 집중이다.

자신이 가장 잘하는 것부터 하나하나 나열하고 집중하기 시작해야 한다.

그 다음 단계부터는 노력과 인내가 절대적으로 필요하다. 포기하지 않고 될 때까지 계속 하는 것이 과제이다.

물이 끓는 원리를 기억해 이것을 잊지 말고, 지금부터 점차적으로 하나하나 집중하여 진행하는 것이다.

선택과 집중을 위한 '결단력'을 키우기 위해서 다음 10가지의 노력들이 있어야 할 것이다.

☑   타인의 입장과 기분을 먼저 헤아리고 적을 만드는 것을 최소화하라.

- ☑ 외부 소리를 경청은 하되 휩쓸리지 않아야 하며 목표한 것에만 집중하는 것이 중요하다.
- ☑ 여러 가지 상황을 종합하여 최상의 판단을 내렸는지 스스로 한 번 더 고민하라.
- ☑ 지금 하는 일에 창의적 아이디어로 승부하라.
- ☑ 나부터 먼저 솔선수범하고 타인에게 능동적으로 동기 부여가 되도록 노력하라.
- ☑ 미래의 트렌드를 먼저 학습하고 그것에 맞추어 전개하는 일의 습관을 들여라.
- ☑ 결과를 먼저 단정하거나 예측하는 것은 최소한으로 하거나 없애야 한다.
- ☑ 일을 진행시 타인 혹은 어려움에 대해 자신의 감정을 통제하라.
- ☑ 상대방에게 충동적인 언사를 삼가고 꼭 필요할 때는 과감하게 결단해 던져라.
- ☑ 최종 목표를 반드시 설정하고 과욕을 부리지 말라.

마인드 셀프학 기능을 경제학에서는 '실용지능'이라고 한다. 실용지능은 성과를 결정짓는 결정적인 역량을 말한다. 우리가 잘 알고 있는 핵심 역량(Core Competency)과 같은 맥락으로 보면 된다.

핵심 역량을 키우기 위해서 당신이 갖추어야 할 7가지 점검 사항은 다음과 같다.* 2015 하버드 비즈니스 학술지 참조

비전의 전개와 우선순위 설정	• 나의 미래 비전 전개를 위한 최소 3~5가지 우선순위를 정하라 • 핵심적인 우선순위를 휴대폰이나 노트북에 잘 정리하라
시간 관리	• 시간 관리를 철저히 활용하라 • 우선순위는 반드시 정하고 비례하여 시간을 활용하라
피드백	• 역량을 표출할 때 시의적절하고 직접적인 피드백은 항상 제공하라 • 나에게 따끔한 지적을 해주는 사람을 대여섯 명 정도 만들어라
마인드 관리	• 미래의 목표나 도전을 마음속으로 미리 먼저 결정하라 • 스스로 도전적인 과제를 주고 피드백과 코칭을 묻지 말고 스스로 적어 그것을 충분히 고민하고 실행하라
나의(self) 평가와 정리	• 미래의 과제를 수행하기에 나의 능력은 적합한지 체크하라 • 뉴 프로젝트를 나에게 제안하고 진행에 필요한 준비 사항을 적어라
스트레스 관리	• 그동안 어떤 종류의 사건들이 나에게 압박감을 주었는지 파악하라 • 스트레스를 받을 때 타인에게 부정적인 신호를 표출하지 마라
리더십	• 나의 리더십의 스타일은 어떠한지 반드시 묻고 생각해 정리하라 • 늘 가능성을 염두하고 의사결정을 타개하는 습관을 가지려 노력하라

열정의 미래 인재 조건 2
: 목표를 달성하기 위해서는 반드시 하루 평균 1시간은 쉬어라

취업 포털 잡코리아가 20년간 성공한 경제 전문 인력 1,506명을 대상으로 설문한 결과에 따르면 "리더들의 올바른 생활 습관" 중 공통적으로 하루 평균 자신을 위한 쉬는 시간은 최소 1시간 정도는 있어야 된다는 통계를 얻었다고 발표했다.

'열정역' 안에서 인재들은 저마다 자신의 성격과 업무의 특성에 맞춰 미래의 해법을 전개해 나간다. 매사 일을 추진할 때 일의 우선순위를 정하고 그 일을 마무리하려는 감각적 시간 관리가 중요하다는 것은 핵심 중 핵심이다. 매일 같은 일을 반복하며 학습을 할 수는 없다. 지치고 지루한 감정은 우리들의 열정과 창의성을 저해시키는 아주 중요한 원인이다.

시간 관리를 위한 교훈과 참고할 콘텐츠들은 많다. 각기 다른 시간 관리 체계와 주장들이 있지만, 꼭 이 한 가지, 시간 계획 중 '휴식'은 빼놓을 수 없다.

미국 하버드 대학교의 EP&E(Ethics, Politics, and Economics)에서 조사한 연구에서도 시간 관리의 중요성을 잘 보여준다. 오로지 자신만을 위한 여가 시간이 필요하며 개인적인 가치 기준에 초점을 두는 것은 버려야 한다고 한다. 물론 개인적으로 중요시하는 가치들을 무시하라는 것은 아니다. 상황(context)에 따라 가치 기준이 변할 수 있다는 것을 스스로가 받아들이고 적용시켜야 한다는 것이다.

당신이 현재 회사에서 업무 중이라면 그 시간 동안 결정되는 우선순위의 기준은 개인적인 것이 아닌 회사가 중시하는 가치에 초점을 맞추어야 한다는 뜻이기도 하다.

공적인 업무에 초점을 맞추어 우선순위를 정하는 것은 어떻게 하는 것일까? 방법은 간단하다. 동료, 상사나 후배와 소속 조직에서 진행하는 프로젝트, 추진 업무가 성공할 수 있도록 당신의 업무 우선순위를 조정해야 한다.

회사의 공적인 임무는 곧 관리자를 통해 부여받게 된다. 즉, 성공적으로 임무를 완수하겠다는 의지와 상사나 후배가 완수할 과업이 당신과 무관하지 않음을 인정해주고 받아들이며 시간의 적용 기준을 함께 추진해 주어야 한다. 나의 판단도 중요하나 판단력을 배우기 위해서는 유능하고 리더십이 뛰어난 상사 밑에서 일하는 것을 늘 행운으로 생각하는 것이 좋다. 상사의 문제 해결 능력까지 적절히 배워나가는 것 또한 자신의 미래 열정력을 높이는 데 도움이 된다.

따라서 조직의 과업이 성공해야 당신의 성과나 평가가 좋아진다. 물론 회사에서는 과업의 성패를 개인이 책임지지 않게 되어 있으므로 시간의 열정 고삐를 결코 부담으로 받아들이지 말아야 한다. 물론 당신이 진행한 업무에 대해서는 그 책임이 자유롭지 못함을 잊어서는 안 된다. 또한 자신이 준비

하여 진행하는 일에 대해서는 조직 내에 함께 하는 사람에게
도 충분한 정보와 정확한 피드백을 함께 주어야 한다. 바람직
한 인재라면 적어도 공생관계, 나보다는 타인을 배려하고 주
변의 사람을 스타로 만들겠다는 협업의 생각이 필요하다. 가
능하다면 당신을 통해 중요한 공적인 의사 결정들이 될 수 있
도록 분위기를 연출하고 만들어 가길 바란다. 열정적으로 적
극 앞서 나가는 방식을 선택하면 된다. 그러면 상대방도 당신
이 최고의 인재가 되어 감을 인정하고 도와줄 것이다.

중요한 것은 이와 같이 하기 위해서는 스스로 일정 기간의
정기적 휴식을 꼭 취해야 한다는 것이다.

또 한 가지 중요한 것은 문제 해결 능력이나 결단력은 어느
시간, 어느 장소에서도 인재들의 기본 능력 중 핵심역량으로
꼽힘을 주목해서 생각해 볼 필요가 있다는 것이다.

여기서 말하고자 하는 중요한 핵심은 미래를 위해 지금부
터 당신의 차별화된 스토리를 만들어 나가야 한다는 것이다.
열정역에 머물며 꽃을 피우기 위해서는 상대방이 납득할 수
있는 제3의 독자적인 스토리가 있어야 한다. 이것을 갖추면
앞으로의 세상을 움직여 나갈 수 있는 큰 자산이 될 것이다.
또 현재와 미래의 사람들이 나를 평가하고 자유롭게 이해하
며 방향성과 목적 부분을 찾게 해주는 면면들을 도울 것이다.

스토리를 만드는 방법은 어렵지 않고 오히려 간단하다. 다른 사람의 인생 스토리를 놓치지 말고 경청하는 습관을 갖는 자세다. 경청이야말로 미래 사회에서 인재로서 꼭 갖춰야 할 중요한 덕목이기 때문이다.

그동안 1, 2, 3차 산업혁명이 누군가 1을 만들었을 때 2, 3, 4로 복제되어 늘려져 나갔다면 4차 산업혁명은 제로를 무한으로 만드는 것처럼 창의적인 상상이라는 자원을 반드시 수반한다.

따라서 부가가치가 높은 주제를 정하고 메커니즘에 맞춰진 교육이 중요하다. 가능하다면 단순히 따라한다기보다는 창조하는 것에 중독되는 시간들로 바꾸는 훈련이 필요하다. 제로를 무한으로 만드는 전략을 추구하되 한두 사람의 창조적인 소수의 지향에서 벗어나 모두의 집단 지성으로 키우는 형태로 나가는 생각이 매우 중요하다.

미래의 세상에서 경제는 적어도 국경이 없고, 아주 비옥한 토양을 가지게 될 것이다. 지금부터 한 가지씩 좋은 씨앗들을 뿌려나가라. 제4차시대에서 준비하는 당신과 나는 충분히 앞서 나갈 수 있다.

제4시대는 아이디어 시대이며 상상, 혁신으로 바꾸는 소프트 파워가 주목된다는 것을 생각하라! 당신만의 스토리를 만들어 놓은 곳이 바로 열정 스테이션(station)인 것이다.

열정의 미래 인재 조건 3
: '융합의 시대' 기술을 열정과 융합하라

"나중에 디즈니에서 일하고 싶어요."

고교 시절, 마을 극장에서 상영 중인 디즈니의 〈아더 왕의 검〉을 보고 집으로 돌아가던 길, 그가 어머니에게 이렇게 말하자 "좋은 목표구나"라며 격려를 받는다.

어린 시절부터 애니메이터가 되겠다는 꿈을 키웠던 존 라세터John Lasseter는 훗날 컴퓨터 그래픽 애니메이션 제작사인 픽사PIXAR의 핵심 인물로 디즈니 애니메이션 스튜디오의 수석 크리에이티브 담당이 된다.

1980년대까지만 해도 종이에 직접 그려 만든 전통적인 방식으로 제작된 2D 영화가 애니메이션 분야를 주도했었으나 1995년 11월 픽사의 〈토이스토리〉가 나온 후로는 컴퓨터가 만들어내는 3D 영화가 세계적 트렌드로 더해져 세계 시장을 이끌어 나갔다.

2D는 스토리텔링이 좋고 감정, 표정, 동작, 형태의 미묘함을 살리며 빛의 변화를 반영한 색감의 뉘앙스를 표현하는 등의 예술적 작업을 중심으로 하여 만들어진다고 하면, 3D는 반

복되는 그림 작업을 효과적으로 수행하고 입체감, 특수효과, 영상 편집, 영화 검색 등에 중점을 두어 효과적으로 제작할 수 있다.

픽사의 존 라세터는 대중에게 사랑받는 자연스러운 3D 영화를 만들고 싶다는 꿈이 있었고, 그래서 2D의 예술성을 융합해 대용량 애니메이션에 컴퓨터 프로그램을 이용해 하드웨어 렌더링과 페인팅 프로그램 같은 소프트웨어를 융합시켜 애니메이션 업계에 획을 긋는 화제작 〈토이스토리〉라는 대작을 완성할 수 있었다.

에드윈 캣멀 Edwin Catmull 은 1945년 미국 웨스트버지니아의 파커스버그에서 태어나 모르몬교인 가족을 따라 솔트레이크 시에서 자랐다.

소년 시절 디즈니 애니메이터가 되고 싶은 열정이 있었으나 고등학교에 들어가면서 자신은 정작 그림을 잘 그리지 못하는 것을 스스로 깨달았고, 이후 유타대학교에 입학하였다. 재학 중 2년 동안 선교 활동을 하다 학교에 복학했을 때 유타대학교에는 MIT 박사 출신이자 하버드대학교 교수인 이반 서덜랜드와 버클리대학교 컴퓨터 사이언스 교수 데이비드 에반스가 영입되었고, 이 두 사람은 컴퓨터 사이언스 학부를 유타대학에 새로 개설했다. 이후 둘은 힘을 합쳐 컴퓨터 응용프로그램을 통해 그래픽 소프트웨어 개발 작업에 착수해 마침내 성공을 시켰다. 바로 이 컴퓨터 사이언스 학부로 편입한 캣멀은 두 사람을 통해 많은 영감과 열정의 힘을 배울 수 있었다.

대학을 졸업한 후 세계적인 항공 기업 보잉사에서 잠시 근무하다 다시 박사 과정에 입학하면서 캣멀은 그림에 소질 없는 자신도 컴퓨터만 있다면 수준 높은 애니메이션을 만들어 낼 수 있다는 생각을 갖게 되었다.

이후 그는 3D 컴퓨터그래픽과 애니메이션 프로그램 개발에 미친 듯이 매진했다. 당시에는 이러한 분야의 전문가에 대한 수요가 시장에 전혀 없는 상황으로 아무도 도전하지 않았다. 그러나 그는 미래는 다를 것이라는 자신만의 안목을 믿으며 불안해하지 않고 결단력으로 '열정역'에 자신을 세웠다.

어느 날 수백만 달러 갑부이자 뉴욕대학교 설립자이며 롱아일랜드 캠퍼스에 애니메이션 스튜디오를 가진 알렉산더 슈어Alexander Scheer가 비공식 일정으로 유타대학교를 방문했을 때, 에반스 교수의 소개로 슈어는 캣멀을 알게 되었다.

캣멀은 처음 만난 백만장자 알렉산더 슈어에게 결코 주눅들지 않았다. 오히려 그에게 당당히 "당신이 운영하는 회사는 늘 수작업 애니메이션 기법을 통해 제작하기 때문에 시간적으로 너무 번거로운 프로세스를 가져 그에 따른 추가 비용들이 많이 들어간다. 이 부분을 컴퓨터로 대체하면 그 해결점을 충분히 찾을 수 있을 것이다."라고 설명해 주었다. 캣멀의 이론과 개발 과정의 혁신적인 설명을 들으며 그가 가진 열정에 더 놀라고 반해버린 슈어는 그 자리에서 그를 자신의 회사로 스카우트하기로 마음먹는다.

같은 해 11월 에드윈 캣멀은 NYIT스튜디오에 연구소장으로 영입되었다. 캣멀은 얼마 후 디즈니 애니메이션 스튜디오와 픽사 애니메이션 스튜디오 모두를 관장하는 총괄 사장까지 되었다. 그리고 어린 시절부터 애니메이터가 되겠다는 꿈을 키워왔던 존 라세터도 디즈니와 픽사, 두 스튜디오의 수석 크리에이티브 담당으로 영입이 되었다.

그 당시 캣멀의 나이는 61세, 라세터는 49세였다. 두 사람의 나이가 적지 않았음에도 그들의 열정의 조합은 얼마 후 픽사를 세계 제일의 애니메이션 스튜디오로 성장시켰다. 캣멀과 라세터의 열정역에서 키운 꿈은 긴 세월과 시간을 거쳐 최고의 결실로 이루어졌다.

2006년 5월 디즈니는 픽사를 74억 달러에 인수한다. 이 사건은 여러 스토리들이 한 곳에 모여 융합되는 또 하나의 세기의 전환점이 된다. 우리가 잘 아는 애플의 영웅 스티브 잡스도 혁신이라는 미명 아래 2011년 월트디즈니의 주식 7퍼센트를 소유한 최대 주주로서 경영이사가 되기도 한다. 잡스의

"디자인은 어떻게 보이고 느껴지느냐의 문제가 아니라 어떻게 가능하냐가 중요하다."가 이때 나온 말이다.

이것은 유명한 픽사의 3D 애니메이션 성공기로 '기술과 예술이 융합되어 만들어진 스토리'이다. 아울러 존 라세터, 에드윈 캣멀, 스티브 잡스라는 융합형 사고를 가진 인재들이 만든 스토리이자 미래의 같은 꿈을 가진 인재들에게 기술과 열정의 융합 스토리로 남아 있다. 기술과 예술 즉 2D와 3D가 함께 결합될 때 강력한 스토리텔링이 나왔다. 세상에 없는 것을 만들어 가려는 그들의 열정은 전공과 소질은 다르지만 같은 생각을 가진 사람들이 서로 만났을 때 우리에게 얼마나 큰 현상을 만들어내는지 증명을 해 주었다.

리더십의 영향도 결정적인 요소들로 작용한다.

기술과 예술을 모두 이해하고 미래를 예견한 스티브 잡스는 컴퓨팅이라는 새로운 기술을 통해 새로운 세계를 창조하기 위해 모든 것을 투자하여 모든 이가 인정하는 성공 스토리를 만들어냈다. 반면에 예술 중심의 조지 루카스 감독과 기술 중심의 알렉산더 슈어 NYIT는 공동 프로젝트를 진행하였으나 앞의 이들처럼 성공의 열정 스토리는 결국 만들어지지 못했다.

융합이란 오래도록 변치 않는 믿음의 지지와 헌신 그리고 각자의 열정이 투여될 때 결과로 이루어진다.

세상을 바꾸는 새로운 작품이란 기술과 예술의 결합, 그리고 테크 플러스일 때 나오는 융합의 스토리가 있어야만 가능한 것이다.

결국 잭 웰치 같은 CEO가 되든 빌 게이츠 같은 세기의 억만장자 사업가가 되든 목표를 이루기 위해서 가져야 할 한 가지가 있다면 그것은 바로 실력의 열정이 깃든 융합의 스토리를 만들어 보라는 것이다.

자신의 열정이 뒷받침되는 실력이 없다면 성공할 수 없다는 것은 팩트이기 때문이다.

스토리가 생긴다는 것은 미래 인재가 될 수 있다는 가능성을 뜻한다. 포기하지 않는 열정으로 스스로를 담금질해 나가야 하고 자신의 모습을 돌아보는 습관적 관찰이 필요하다. 자신이 취할 것과 버릴 것을 자연스럽게 구별할 줄 아는 식견도 필요하다.

국내에도 열정의 융합 스토리를 가진 대표 인물들이 많다.

정치적인 부분과 전혀 상관없이 개인적으로 안철수 대표를 꼽고 싶다. 그가 최근 남긴 제4차 산업혁명 시대를 향한 기억나는 대목 중 이 한 문장이 있었다.

"세상이 급격하게 빨리 변함에 따라 향후 미래의 인재가 되기 위해서는 세 가지 이상의 융합적 사고를 할 줄 알아야 한다.”

지금의 현실을 점검하고 새로운 미래를 통찰하는 열정적인 관심과 준비가 필수 조건이다. 자신의 장점과 관심 분야를 융합해 바꾸어 나가는 것을 시작으로 미래의 기술을 자신의 열정으로 승화시켜 변화하는 사람만이 미래의 성공 스토리를 만들어 나갈 수 있다.

하루가 다르게 변하는 요즈음, 20년 후의 세상을 나는 그려본다. 그 시간은 분명 모험이다. 한 자루 양초에 의지해 어두운 미로를 헤매는 것과도 같을 것이다.

어떤 가정(假定)에 얼마만큼 무게를 두고 방향을 잡느냐에 따라 우리 미래에 안착할 종착역은 전혀 달라질 수 있기 때문이 아닐까 싶다.

미래의 시간들은 준비하는 열정가들의 세상이 될 것이다!

기술이 전성기를 누릴 20년 후, 당신은 어떤 비즈니스 모델을 준비하고 싶은가? 우리가 준비해야 할 4시대 혁명의 세계는 치열하고 변화무쌍할 것이다. 잠시라도 한눈을 팔거나 흐름을 놓치고 혁신이라는 이름을 거듭하지 않으면 자연스럽게 도태되기 십상이다.

문제는 그 변화의 시기적 주기가 점점 더 짧아질 뿐만 아니라 여러 분야에서 동시다발적으로 이뤄지고 있다는 것이다.

캣멀과 라세터의
열정역에서 키운 꿈은
긴 세월과 시간을 거쳐
최고의 결실로 이루어졌다.

미리 준비하여 선도하지 못하면 관심 밖의 후발 주자로 뒤쳐진다. 미래의 시장에 진입조차 못할 가능성이 크며 전통적인 패러다임 내에서의 생각은 이제 아무런 의미가 없다.

나는 이 책을 통해 앞으로 20년 기간을 미래 사회의 재구축 시기로 삼으며 이야기해 나가고 있다. 라이프스타일 자체가 크게 바뀌어 새로운 문화와 서비스가 사회를 재편성할 것으로 예상하는 동시에 앞으로의 모든 산업 비즈니스는 이익보다는 영향력이 우선시될 것이다. 상품이나 서비스가 소유보다 이용의 형태로 바뀐다는 점에 주목하길 바란다.

이 글을 읽는 2030 특히 스타트업이나 기업의 실무에 종사하는 사람들, 경영학과 삶, 미래 등에 진지한 성찰을 원하는 인간이라면 더 늦기 전에 냉철하게 이 점을 기억해 주길 바란다.

싱가포르에서 한국의 미래 성장을 배운다

아시아 경제대국인 싱가포르는 세계 경제의 중심 국가로 우뚝 서 있다. 무역 규모는 국내 총생산의 3배를 훨씬 넘어섰으며 외국인 투자가 총 국내 투자의 70% 이상을 차지하고 있다. 싱가포르에 진출해 있고 미래의 먹거리를 책임질 다국적 기업도 현재 6,000개가 넘는다. 싱가포르는 또한 쉘(Shell), 영국석유(BP), 에소(Esso), 칼텍스(Caltex) 등이 진출해 있어 세계 3대 정유 산업 대국이기도 하다.

싱가포르는 대한민국과 비슷한 면적에 인구는 서울의 절반 정도인 567만 명이다.

좁디좁은 국토에 자원도, 대규모의 인력도 없었던 작은 나라가 어떻게 세계 최고의 물류 서비스를 제공하고 런던, 뉴욕, 홍콩, 도쿄와 더불어 세계 5위의 외환 시장국이 되었을까?

그것은 바로 미래의 지식 기반 산업의 중심지로 방향 전환을 모색해 세계 최고의 정보통신(IT) 중심 국가를 건립하자는 원대한 국민적인 합의와 목표가 있었기 때문이다.

첨단 기술을 보유한 다국적 기업들을 유치해 싱가포르에서 세계 최고의 하이테크 기술들이 뿜어져 나오도록 만들겠다는 목표가 있었고, 싱가포르는 세계의 경제적 패닉과 내수의 어려움이 발생해도 굳건히 국민들의 지지를 받으며 변하지 않고 이를 반영해 나갔다.

국가 기반의 근간인 교육을 우선적으로 재정비하였고, 미래의 성장 동력인 인재 육성에 국가의 모든 힘을 우선적으로 집중해 지원 비용을 쏟아 부었다.

2014년 기준으로 보아도 싱가포르 1인당 국민소득은 5만 달러가 훨씬 넘어선다. PPP 환산 국민소득도 6만 달러에 달해 몇 년째 1인당 외환보유고를 세계 최정상권에 유지시키고 있다. 국민 1인 개발지수는 전 세계에서 11위, 아시아에서는 1위를 고수하고 있다.

2017년 3월 기준, 우리나라의 1인당 국민소득은 2만 7천 달러였다.

싱가포르의 국부(國父)로 불리는 리콴유 수상이 몇 년 전 싱가포르 시내에서 열린 신년 연례 만찬회에서 이야기한 내용을 인용하고자 한다.

"싱가포르는 세계의 하층부(low half)에서 어렵고 그야말로 치열하게 올라왔다. 앞으로 싱가포르는 4차 산업혁명을 대비하고 국가적 미래 선진국으로 도약하기 위해 더 과감한 교육 개혁과 자유 개방을 통하여 국민의 삶의 질 개선을 우선적으로 노력해 나갈 것이다. 싱가포르여! 이제 다시 한 번 도약을 합시다."

그의 연설 내용을 살펴보면서 미래의 싱가포르가 지향하는 목적은 말 그대로 매력적인 국가관을 만드는 것이며, 이 매력이라는 단어는 곧 국민들 개개인의 뜨거운 염원이 담긴 '열정'이 아닐까 싶었다. 이 연설문의 한 문장으로 싱가포르의 지도자들과 자국민들이 얼마나 미래 경영에 세심히 집중하며 노력하는지 충분히 알 수가 있었기 때문이다.

싱가포르는 향후 10년 여러 가지 세계적 위기 정국 발생들

에 대처해 나가며 성장(growth)에 집중해 나갈 것이다. 최고 선진국들을 대상으로 인재 발굴과 육성을 위해 R&D에 투자하고, 국제적으로 자금을 유치하며 좋은 선진 기술력들을 끌어들이기 위해 최고의 환경과 최고의 자녀 교육 시스템까지 세세하게 연도별 계획으로 국가차원에서 꼼꼼히 준비하고 만들어 개인과 기업에 대한 세금의 부담을 계속 낮춰 주며 이를 이루기 위해 나아가고 있다. 2020년에는 싱가포르 마리나 등에 두 개의 카지노형 리조트를 추가로 더 지어 외환 보유를 위해 관광 산업을 육성할 것이다. 경제 활력이 넘치는 런던과 파리처럼 가장 국제화된 문화, 비즈니스의 중심지로 우뚝 서기 위하여 세계 톱(top) 도시들의 가장 좋은 점들을 흡수해 미래의 싱가포르의 모습으로 청사진을 하나하나 탈바꿈시켜 이를 자국민들과 전 세계를 대상으로 지속적으로 알려가고 있다.

싱가포르는 이제 국제적으로는 미래 사회에 비즈니스, 문화의 중심 도시일 뿐만 아니라 세계 관광업에서도 활력이 넘치는 녹색, 청정 도시를 만들겠다는 야심찬 비전들을 속속 전략으로 내놓고 있다.

리콴유라는 지도자는 싱가포르 국민들 앞에서 "이제 단지 시작일 뿐이며 더 활력 있는 자국적 문화를 만들어 내겠다."고 목소리를 높였다.

지난해 900만 명이었던 싱가포르의 관광객을 오는 2019년까지 2,700만 명으로 유치하는 전략 목표가 전개되고 있다.* 한편 통계청 자료에 따르면, 대한민국의 2016년 관광객 수는 1,323만 1,651명이었다.

경제적, 정치적으로 몇 년째 어려움을 겪고 있는 우리 입장에서 보면 싱가포르가 새삼 부럽지 않을 수 없고, 리콴유 같은 지도자의 도전과 열정을 본받아야 한다고 생각이 든다.

앞에서 설명한 대로 싱가포르의 미래 전략은 대한민국이 향후 어떻게 미래를 풀어 나가야 하는지를 결정하는 데 기여하는 바가 크다. 한 마디로 매력이 넘치는 나라로 탈바꿈시켜야 한다는 것을 인식하고 그 실천을 본받아야 한다.

국가의 매력은 과연 어디에서 생겨나는가? 그것은 바로 국가의 근간인 사회 구성원들이 얼마나 '열정'을 가지고 하나씩 하나씩 도전하며 발전하는지가 척도이며, 해답의 키(key)라는 것을 알려주는 것이다.

젊은 인재들의 진정한 매력은 수려한 외모에서 풍기거나 젊음 그 자체에서 발산되는 것이 아니다. 스스로를 '열정역'에 묶어두고 미래에는 열정과 중후함을 지닌 중년들로 태어나 자신들의 성취도를 나타내고, 국가적 내면의 깊이와 무게에 그 매력들이 묻어나 보이도록 노력해 나갈 때 발현되는 것이다.

바로 "꿈은 삼키는 게 아니라 뱉어내는 거다."

지금의 2030 세대들이 변한다면 세계의 여러 나라에도 대한민국은 열정의 매력적인 나라라는 찬사를 받을 수밖에 없다.

미래의 대한민국을 꿈꾼다면 미래의 열정역에 우리나라 대한민국을 정차시키기 위해 나부터 시스템화 하자.

이를 통해 지속적으로 돈을 벌거나 부자 나라가 될 수 있는 기회, 자라나는 내 자식들에게 더 좋은 배움을 가질 수 있는 기회, 성장할 수 있는 기회들이 제공될 때 비로소 국가는 매력의 땅으로 자리매김하는 것이다. 변화와 도전을 두려워하지 않는 국민적 인식이 퍼지면 돈, 인재, 기술, 정보도 함께 몰려온다. 반면 열정이 시들해져 비전의 기대가 사라지는 순간하나 둘씩 곧 다른 나라로 떠나 버리게 된다.

이제 미래를 향한 역동적인 추가 성장은 꼭 필요하며, 지금의 할아버지 세대들의 헌신적인 노력으로 한때 우리나라는 아시아에서 제일 손꼽히는 매력적인 나라였음을 지금의 아버지 세대들은 잊지 않기 바란다.

우리와 가까운 중국과 일본 역시 꽤 매력적인 나라라고 할 수 있다. 매년 그들은 지속적으로 성장하고 있다. 그 기회를 잡기 위해 세계 각국의 인재들이 두 나라로 빠른 속도로 몰리고 있다.

이 역시 우리가 고민해야 할 또 하나의 요소이기도 하다.

최근 일본의 성장률은 우리와 비슷하게 떨어지고 있었지만, 청결함이나 신비함 등 나름의 독특한 전통과 문화를 기반으로 일본만의 개성을 살리며 관광, 환경, 미래지향산업 등 국가적인 미래 관련 키워드를 정하고 준비하며 성장해 나가고 있다.

미래 성장의 판단 기준은 성장의 변화에 전통이라는 요소를 더하여 진행시켜야만 대외적으로 강한 국가로 변모될 수 있다.

국가의 아름다움이란 물론 물려받은 천연자원이나 문화재에서 오기도 하지만, 이들은 주어지는 것이기 때문에 잘 보존하는 것 이외에는 별 다른 방법이 없다.

그러나 시각적인 아름다움을 더하는 방법에는 스스로 가꾸고 관리할 수 있는 숨어있는 가능성들이 정말 많다는 것을 우리는 잊지 말아야 한다.

근래에 지방자치 단체들마다 이런 점에 중점을 두어 해당 지역 시, 도, 군의 입간판이나 보도 게시판, 보도블록, 조형물 등과 같은 공공디자인 부분에 주의를 기울여 나가고 있다.

우리도 이제 환경과 아름다움을 가꾸는 부분에 대해 더욱 노력을 해야 한다. 시각적인 아름다움은 그 시대의 사람들에게 기쁨이나 즐거움을 한층 더 북돋우게 될 것이며 이러한 부분들이 확충되어 나간다면 세계 시장으로의 거시적 확대도 가능하다. 나아가 매력적인 국가를 만드는 데 충분히 기여할 수 있다고 많은 전문가들은 이야기하고 있다.

더불어 도시의 랜드마크에 해당하는 건물을 만드는 일도 국가적 매력을 더하는 한 가지 큰 요소라 할 수 있을 것이다.

최근 국내 몇 개 그룹사들이 고층 빌딩 계획을 발표했으나 무산된 데에는 다 이유가 있었을 것이다. 정부와의 협의 과정에서 국가 안보가 문제점으로 대두되는 경우도 어느 정도 있지 않았을까 싶다.

그럼에도 불구하고 서울의 랜드마크에 해당하는 빌딩은 늘 어나야 하지 않을까 하는 아쉬움이 든다. 초고층 빌딩이 일단 물꼬를 터주면 다른 여러 기업가들도 경쟁적으로 건축에 신 경을 쓰게 될 것이다. 더불어 미래의 서울의 도시 풍경은 더 아름답고 크게 변할 것이다.

이런 경쟁은 결과적으로 사회 전체에 큰 성과를 낳는다. 미 래의 우리가 지향해야 할 목적지가 모든 영역에서 매력적인 (charming) 요소들로 하나하나 채워져 나갈 것이다.

미래의 인재들이 이런 부분에서 단순 외관이나 품격, 품위 라는 이미지적인 요소에만 치중하지 말고, 하루 빨리 열린 마 음과 열정적인 마음으로 가치를 채우고 드높이기를 바란다.

매력적인 대한민국을 위해 미래의 인재들이 미래에 또 어 떤 개선과 노력을 해 나가야 하는지 다음 장에서 경제적인 측 면을 우선적으로 한 번쯤 더 생각해 볼 수 있도록 정리해 보 고자 한다.

PASSION

제4장

변화의 프레임
(Frame)
"미래 비즈니스
모델"

혁신에는 반드시
고통이 따르기 마련이다.

타이밍이 생명이다
미래 산업 먹거리를 '열정'으로 포용하여 현실화하라

대한민국 기업들은 새로운 미래 성장 가능성과 산업 먹거리를 찾기 위해 대대적인 자가진단이 절실히 필요하다.

이 때 타이밍이 절대적으로 중요하다. 또한 열정을 기반으로 포용하고 준비되어야 한다.

이 타이밍에서 미래 전략에 대해 한번쯤 스스로 묻고 답해야 할 것이다.

첫째, 꿈꾸는 미래의 비즈니스 모델이 이윤 창출을 기반으로 몰입되어 있고, 더 좋은 세상을 꿈꾸는 데 수반되어 가고 있는가?

둘째, 미래 먹거리 비즈니스 모델이 기존의 모델링 방식에 치중되어 있지는 않은가? 더불어 새로운 성공 방식들을 연구해 추가로 개척하려 하고 있는가?

셋째, 우리에게 불가능한 것이 있는지, 불가능한 것을 가능하게 만들어야 한다는 당신은 과연 열정의 기반이 있는가?

넷째, 혼자서 모든 것을 다 하려 하고 있지는 않은가? 다양한 기업과 사람들의 아이디어를 함께 협력할 지혜의 자세를 가지고 있는가?

다섯째, 미래 비즈니스 모델 개발 중 확실한 데이터 정보를 기반으로 준비하고 있고, 혹시 공공을 위해 국가나 사회와 이것을 공유할 용기가 있는가?

자가진단을 했을 때 이 다섯 가지 기준 중 최소한 4가지에서 바람직한 평가가 반드시 나와야 한다. 만일 그렇지 못한 개인과 기업의 미래는 회의적이라 보아야 한다.

당신과 몸담고 있는 조직의 미래를 위한 혁신들이 지금 필요하다. 혁신에는 고통이 반드시 따르기 마련이다. 그렇지만 그 결실은 매우 만족스러울 것이다.

R&D(Research and Development)를 우리말로 풀어쓰면 연구개발이 된다. 연구는 기초에서 그 응용화를 말하고, 개발은 연구 성과를 기초로 제품, 반제품 공정 및 용역을 만들기 위한 과학이나 공학적 수법과 기술을 응용하는 것을 뜻한다.

우리나라가 과거 제일 가난한 나라에서 60년 만에 1인당 국민소득 2만 달러, 무역 1조 달러의 무역국으로 발전할 수 있었던 것은 바로 산업 기술 발전과 맥을 같이 했었기 때문이다. 가까운 미래에 지금보다 국민소득을 2배 이상의 높은 수준으로 끌어올릴 수 있는 경제 발전국으로 이루려면 지금까지 산업 기술 발전 전략을 미래 대응 전략으로 전면적 개편해야 하는 시점으로 보아야 한다. 머지않은 미래에는 1인당 국민소득 4만 달러, 무역 2조 달러 시대에 진입을 해야 한다. 다른 선진국과 동일하거나 또는 현재 신흥국들보다 오히려 앞서 가는 고부가가치를 만들어 낼 수 있는 산업기술력과 새로운 산업 먹거리를 찾아내고 형성시켜 나가는 것이 매우 중요하다.

이미 4차 산업혁명이 시작되면서 미래 대응 전략을 준비 완료한 세계의 글로벌 주요 선도 기업들의 주도권 경쟁은 하루가 다르게 점점 더 가속화가 되어가고 있다.

미래의 산업 시장은 이제 "한계와 경계의 벽을 허물고 바이오, 물리학, 유전학, 생물학, IT 등으로 융합되는 기술 혁명을 통해 전자통신 및 나노첨단 산업 간의 융합까지" 이루어낼 수 있는 미래 신기술들로 조직들을 새로 신설해야 한다.

현재도 세계의 주요 기업들은 많은 자회사들을 새로 설립하고 있다. 기존의 사업체들은 각각 쪼개져 다시 합병되고 있고, 아이디어와 기술이 뛰어난 스타트업 기업 등을 추가 인수, 합병해 외부 연구 기관들끼리 협력을 통한 4차시대 대응 전략들을 새로 만들어가고 있다.

대한민국 기업의 대표 주자인 삼성전자도 기존의 사업과 4차 산업혁명의 투 트랙 대응 전략안을 수년 전부터 미래의 청사진으로 제시하고 있다.

남아프리카 공화국 태생의 엘론 머스크Elon Musk 테슬라 회장도 4차혁명에 기반을 두고 사업의 뿌리를 하나하나 키워나가는 전략으로 사업을 공격적으로(aggressive) 전개 중이다.

이렇게 미래를 한 발 먼저 내다보고 집중하는 그것 역시 결국 자신들의 기업 열정이다. 이를 승화시키는 것이 매우 중요하다. 우리나라의 젊은 ICT기업들도 미래 산업을 선도해갈 수 있다고 믿고 혁신해 나가는 것이 중요할 것이다.

구글, 아마존, 마이크로소프트, 페이스북, 텐센트(위챗), 알리바바, 바이두와 같은 플랫폼 기업들이 미래의 시장 가치에서는 이제 GE 같은 거대 제조 기업보다 훨씬 더 앞서가는 기업들로 평가되어 가고 있는 현실이다.

지금까지는 선진국들의 기술과 제품을 목표로 열심히 추가 기술을 개발하고 빠른 속도로 따라 가면 됐었다. 소위 빠른 추격자(fast follower)로 생산 기술력을 향상시켜 생산비를 낮추고 신기술로 훨씬 좋은 기능들을 추가시키면서 시장에서 경쟁력을 확보하는 전략이었다. 그러나 미래 기술의 전략 포인트는 생산성 향상, 고효율, 고성능과 같은 기능적 혁신 기술만으로는 일정 수준 이상의 부가가치나 이윤을 지속적으로 올리기는 어렵다고 보아야 할 것이다. 이미 중국 등 거대 자본력과 기술을 바탕으로 한 기업들이 뒤에서 무섭게 추격들을 해 오고 있다. 신흥 경쟁국, 선진국들의 경쟁과 견제도 점점 더 심해지고 있어 자체 경쟁력 우위 역시 그 생명력이 오래 가지 못하고 깨지기도 쉽기 때문이다.

따라서 우리의 목표인 미래의 선진경제국으로 도약시키기 위해서는 비슷한 제품 중에서 그나마 낫다는 정도로만 만족하지 말고, 완전히 차원이 다른 새로운 혁신 제품들과 서비스로 승부를 걸어야 한다. 이를 강점으로 세상 소비자들을 열광시킬 수 있도록 준비해야 한다.

특히 아랍 부호들과 같은 세계의 고소득 부자들이 아낌없이 지갑을 열 수 있는, 감동 있는 명품들을 만들 수 있어야 고소득, 고부가가치 선진 경제대국의 목표도 달성할 수 있을 것이다.

이제 우리의 R&D는 독자적인 기능 개발 단계를 고수하지 말고 창조적, 혁신적 가치 창출 단계를 추구하는 패러다임으로 전환시켜 나가야 하는 것이다.

이것은 문제가 주어지면 열심히 답을 찾는 시스템, 추격자가 문제를 스스로 찾아내고 이에 대한 답도 스스로 찾아가는 시스템 즉 '선도자'로서 역할을 추구해 나가는 것이 올바른 미래 산업기술 R&D 패러다임을 의미한다고 생각된다.

이러한 창조적, 선도적 R&D 패러다임은 테크 플러스 즉 융합적 상승의 패러다임에 의한 R&D와 같다고 할 수 있다. 기술이 과학자나 엔지니어에 의한 연구실 내의 실험만이 아니라 소비자, 사회, 인간관계, 심리, 역사, 예술 등 인문학과 함께 공동으로 작업해 나갈 때, 새로운 아이디어와 전혀 새로운 창작물이 나올 가능성도 높고, 기능적인 가치와 인간적 가치가 결합되어 비로소 감동적 미래의 창작물이 나올 수 있는 것이다.

지난 10년 가까이 이러한 관점에서 우리나라 산업 기술 R&D 분야를 주의 깊게 관찰해 오면서 시장을 선도해온 책임 있는 국내 주요 기업들이 미래에 대비해 분발해야 한다고 생각해 왔다. 지금까지의 산업 기술 패러다임을 융합하는 미래 성장 R&D의 산업 비즈니스 모델 사업들에 무게 중심을 두어야 하고, 미래 성장력 자체를 혁신, 창조 선도형으로 바꿔 나가야 한다고 말해주고 싶다. 지금의 세계 글로벌 경기도 다년간 불황이 지속되고 있는 현실에서 성공적인 미래 준비를 위한 노력들이 꼭 필요할 때라 보기 때문이다.

앞에서 말한 바와 같이 미래 산업 먹거리의 성공적인 타개 방안을 도출하기 위한 대응 모델을 찾는 것이 매우 시급하다. 미래 먹거리를 창출하기 위한 신산업 모델은 무궁무진 할 수 있겠지만 저명한 미래경제학자들이 주장하고 있는 주요 전략 모델들을 이 책에서 한 번 다뤄보고자 한다. 미래의 핵심이 될 주요 아이템이라 생각해 아래와 같이 정리해본다.

로봇(ROBOT) 산업

미래의 성장을 위한 비즈니스 모델 중 가장 첫 번째로 언급하고자 하는 내용은 역시 로봇(ROBOT)이다. 여러 업계나 전문가들이 차세대 비즈니스 모델로 꼽는 부분으로 인간을 대체할 휴머노이드 및 슈퍼 인공지능(AI) 로봇을 말한다.

유전 공학자를 포함한 세계의 저명한 로봇공학 전문가들은 인간의 직관력까지 흉내낼 수 있고, 각 분야별 특성을 담아낸 휴머노이드와 AI 슈퍼 인공지능들의 시장 진출 시점을 약 10년 안팎으로 보고 있어 이제 곧 삶의 현장에서도 쉽게 접하게 될 것이다. 가까운 시간 안에 현재 로봇 설비 수준의 70% 이상이 늘어나게 될 것이고, 설치 가격들도 현재 수준에 비해 저렴하게 현장에 도입이 가능하게 되어 슈퍼 인공지능 로봇의 대중화는 조속히 가능해질 전망이다.

이것은 지금처럼 특정 산업 현장에서 배치되어 있는 자동화 시스템들과는 전혀 차원이 다른 두세 단계 업그레이드된 버전의 모델들로 일선 현장에서 인간들의 노동력과 창의력 부분을 충분히 빠르게 바로 대체해 나갈 것이다. 안내, 청소, 경비, 보육, 접수, 판매 등 다양한 용도로 저변 확대가 가능하며, 그만큼 편리하게 활용될 것이기에 이미 선진국들의 기술 개발 속도는 매우 빠르게 진행되고 있다. 우리나라도 미래 모델 중 제일 많은 관심을 가져야 할 비즈니스 사업 모델이기도 하다.

향후 10년 뒤에 로봇은 단순 노동 수준을 넘어서 인간이 할 수 있는 모든 일의 90% 이상을 대체할 수 있을 것이라는 연구 결과 보고가 있다. 로봇 소싱의 영향에 따라서는 서비스, 의학, 유통, 제작, 요리를 넘어서는 정말 다양하고 새로운 산업 생태계 시장이 전 세계적으로 열릴 것임이 확실시되고 있다. 이를 대비해 우리나라 국내 인공지능 휴먼로봇 사업모델 개발에 보다 더 많은 관심과 지원들이 절실하게 더 필요하다.

얼마 전, 구글의 인공지능 알파고가 프로 바둑기사 이세돌 9단을 상대로 5번의 대국을 펼쳐 4대 1로 승리를 거뒀다.

사람들은 입을 모아 "적어도 바둑만큼은 인공지능이 넘볼 수 없는 인간만의 영역이다."라고 말했었다. 바둑은 인간이 만든 가장 복잡한 게임으로 그 경우의 수가 10의 170승이 넘으며 현대 과학으로 계산한 우주 내에 존재하는 모든 원자의 개수를 10의 90승 정도로 보더라도 바둑의 경우의 수에 비하면 거의 0에 가까운 숫자로 볼 수밖에 없기 때문이었다. 그러나 이러한 생각은 우리가 아는 대로 여지없이 깨졌다.

각 분야에 걸쳐 인공지능 로봇들이 등장하는 것은 이제 더이상 공상과학 이야기들은 아니며, 이미 여러 산업 분야에서 로봇들이 폭넓게 사용 시점을 기다리고 있다.

그 성능들도 가히 상상을 뛰어 넘어 더 정교한 인공지능 로봇들로 재탄생되어 계속해서 등장할 것이다. 많은 글로벌 기업의 총수들이나 인공지능 분야의 공학자들도 이 사업의 시장 한계성은 무한에 가까울 것이라 전망하는 추세여서 이 점도 간과하지 말아야 할 중요한 대목이다. 이제 곧 몇 년 안에 영화에서 봤던 터미네이터나 사람과 구분이 되지 않는 로봇들이 등장하지 말라는 법이 없을 만큼 현실의 속도는 매우 빠르다.

물론 이 점 때문에 각계각층에서 미래 사회를 우려하는 목소리도 함께 점점 높아지는 상황이기도 하다.

단순히 로봇이 등장해 우리들의 일상이 편리해졌다는 수준이 아니라 사회 전체의 산업 패러다임이 바뀔 아주 커다란 일로 예견하고 생각을 해 보아야 하는 것이다.

　로봇 하나가 사람 10명 분의 일을 혼자 해내게 된다면 평범한 가정을 꾸리는 인간 노동자 10명은 각자 직장에서 내쳐질 수 있다고도 충분히 가정해 볼 수도 있다.

　결국 로봇의 소유주나 설계자들 같은 몇몇 부류들만 시장의 이득을 독식하게 될 수도 있어 사회적으로는 삶의 소득 격차나 양극화로도 이어져 나갈 수 있다고 본다.

　그러나 또 한편에서는 미래의 로봇의 기능 역할이 인간이 영유해 온 대부분의 모든 것을 다 할 수 있다고 한들 그래도 그것을 이용하는 것은 사람이기에 걱정하지 않아도 된다는 의견도 있다. 사람의 본질상 때로는 스스로 일을 하고 싶을 때도 많고, 요리를 직접 하거나 차를 직접 몰고 싶을 수도 있

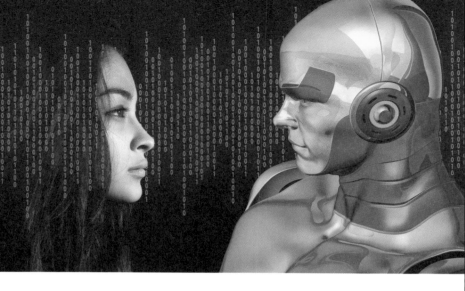

어 이러한 점들을 미리부터 사회적 문제로 예측해 크게 걱정한다거나 산업의 발달을 저해하는 기준 정책을 벌써부터 만들 필요가 없다는 주장도 만만치 않다.

　나 역시 아직은 어떤 것에 우선순위를 두기보다는 어떻게 새로운 질서를 확립할지에 대하여 지금부터 조금씩 준비할 필요는 있다고 생각한다.

　'그런 로봇 시대가 오려면 아직은 멀었어.'라든지 '나와는 특별히 상관이 없는 이야기인 것 같은데.'와 같은 생각들은 구시대적이고 위험한 발상이라 본다. 앞으로 다가올 로봇 시대에 본인이 어떻게 대처하면 좋을지에 대해서도 이제부터 하나하나 심각하게 고민을 해 나갈 시점이라고 생각한다.

미리부터 두려움을 가질 필요는 없다. 로봇이 등장하더라도 인간의 생각과 열정만큼은 절대 대체할 수 없는 것이다. 기계를 제어하고 만드는 것 역시 결국 사람이라는 것은 분명한 사실이기도 하다.

현재 대한민국에서는 어떤 사람들이 어떤 분야에 중점을 두고 인공지능 로봇들을 준비하고 있을까?

국내에서도 이미 수년 전부터 로봇 기술을 지원하고 육성하는 국가 지원 정책들이 매우 활발하게 진행되고 있었다. 사단법인 세계 미래회의 연구 조사에 따르면 대한민국은 의료, 가구, 인테리어 설비부터 재난 구조와 관광 산업 전반까지 다양한 분야에 이미 많은 공학기술과학자들을 배출하고 있고, 이를 통해 인공지능이나 신 로봇 기술 개발까지 준비 중이라고 한다. 이에 따라 다양한 성과들이 나오고 있어 세계 각국에 전시나 로봇 박람회를 통한 우수 제품들의 실험 결과나 가능성들을 발표하며 선보이고 있다.

특히 의학 분야 그 중에서도 수술 로봇 분야에 대해서는 2000년 초반부터 국내 산업기술력을 가진 기업들에서 연구와 준비가 증폭되었다. 그 결과 국내 시장을 포함한 아시아 세포 치료제 시장에 수술 로봇 수출이 잘 이루어지고 있고, 그 성장세도 매우 빠르게 발전을 거듭해 나아가고 있다.

지난해 9월에 발표된 생명공학 정책연구센터의 「세포치료제 시장 현황 및 전망」에 따르면, 글로벌 세포치료제 시장 역시 2015년 40억 달러에서 연평균 20.1%의 고성장세를 계속 거듭하고 있으며, 오는 2020년에는 무려 100억 달러 규모의 시장으로 초고속 성장할 것으로 전망했다. 세포치료제 개발에도 전 세계적으로 약 500개 기업들이 로봇 개발 기술자들과 융합시켜 그 준비가 한창이다.

이러한 기업 중 절반은 미국 시장 내에서 활동 중이긴 하지만 시장 발전의 가능성이 높고 기술 수준이 우수한 대한민국 내 기업의 성장력도 세계적인 수치로 빠르게 따라 올라가는 추세이다.

또한 암 종양에 관련한 세포치료제나 면역세포 치료제, 줄기세포 치료제, 피부 질환 세포 치료 영역까지 다양한 발전을 거듭해 온 국내 의학 중견 기업들이 세계에서 인정을 받고 있기도 하다.

한양대학교가 발표한 「수술 로봇 기술 동향과 산업 전망 보고서」에서는 글로벌 수술 로봇 시장은 연간 15%의 높은 성장률을 거듭해가고 있으며, 오는 2020년까지는 약 114억 달러의 수출 규모로 성장할 것으로 전망했다.

또한 Frost&Sullivan에서 발표한 자료에 따르면, 한국의 수술 로봇 시장도 오는 2018년까지 4,900만 달러 규모의 수

출 시장으로 성장될 것이라 보고되었고, 이는 5년 평균 연간 45.1% 성장률이다.

로봇 의료기기의 용도별 국내 추이를 살펴보면, 2014년 복강경 수술 로봇은 154억 원으로 2013년의 4억 원 대비 3,750% 증가했으며, 로봇 의료기기 중 역대 가장 높은 생산액을 돌파하는 기록까지 만들어 내고 있다.

그러나 미국이나 선진 글로벌 기업에서 매년 만들어가는 비중에 비해서는 아직까지는 미비한 상태이다. 보다 수준 높은 글로벌 시장으로의 발전과 진출을 위해서는 더 적극적인 정부의 지원과 교육 발전안 등의 추가 전략안이 필요한 현실이다.

한양대학교에서 열린 미래 포럼에서 국내 최고의 교수진들은 "대한민국의 로봇 사업에 대한 결실을 맺기 위해서는 정부 부처 간의 협업을 통한 개발 성능 시험 및 국제 인증을 획득하는 추가적 지원안이 더 많이 나와야 한다."고 공통 의견을 모았다.

이미 국내에서 개발된 수술 로봇 등 인공지능 시스템이 해외 시장 진출을 도모하고 있어 더 많은 도전을 시도할 '열정'의 젊은 기업들의 참여로 글로벌 협력 체제를 구축해 나가길 소망해 본다.

십 년 정도면 로봇 산업은 거대한 조류가 되어 우리 산업 사회의 주류가 될 것이다. 따라서 스마트폰처럼 OPEN 플랫폼 형태로 국내에서부터 더 다양하게 트렌드화를 시켜 나가야 할 것이다.

더불어 국내 기업들은 자신들의 이익을 위한 '지적 재산의 확보'만을 주장하는 낡은 패러다임 속에 빠지면 안 될 것이다. 이러한 주장은 과거에 많은 선진국에서도 발생되었고, 시장에 장애로 번져 결국 연구자들 스스로를 묶는 격리 시설이 될 것이기 때문이다.

돌을 사용하던 인류가 청동, 철기를 사용하면서 인류는 새로운 패러다임을 맞았으며, 또한 증기기관의 산업혁명을 통해 눈부신 추가 발전들을 이루었다.

지금부터 더 박차를 가해 인공지능 로봇을 개발하고 산업의 유용 도구로서 포맷화하여 미래 인류에 이바지할 수 있는 혁명 기업들이 대한민국에서 한 단계 도약하길 기대한다.

다시 말하지만 로봇의 영역은 곧 현실이 될 것이다. 어려운 과도기를 지나, 인공지능 로봇들이 우리 사회에 제대로 자리 잡게 된다면, 미래는 인공지능과 더불어 함께 살아가는 유토피아 같은 세상이 될 것이라 나는 전망해 본다.

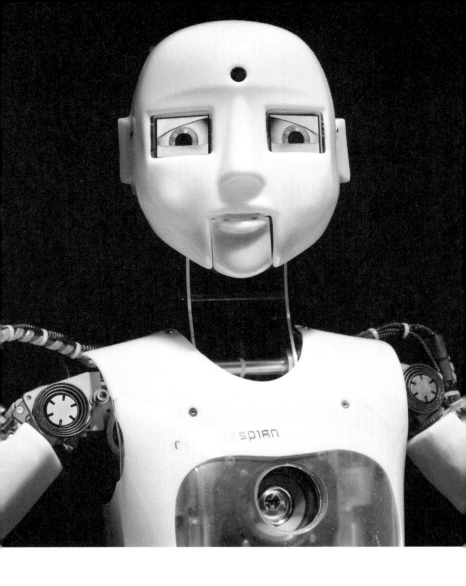

로봇이 등장하더라도
인간의 생각과 열정만큼은
절대 대체할 수 없는 것이다.

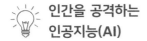

인간을 공격하는 인공지능(AI)

아서 클라크 Arthur C. Clarke 의 원작 소설을 바탕으로 1968년 개봉한 스탠리 큐브릭 Stanley Kubrick 감독의 SF영화 〈2001 스페이스 오디세이〉에 다음과 같은 한 장면이 있다.

"우주선 디스커버리호를 운영하는 인공지능 HALL 9000은 사람들을 통제하고, 자신을 정지시키려는 속셈을 눈치 채면서 인간들을 하나씩 제거해 나간다."

2017년 3월 대한민국에서는 현직 대통령이 탄핵되는 사상 초유의 사태가 벌어졌다. 그에 따라 차기 대통령을 뽑기 위한 선거가 치러졌다.

대선 후보들은 민심을 사로잡기 위해 미래 사회를 겨냥한 다양한 공약들을 하나둘씩 앞다퉈 내놓았다.

그 가운데 군 복무 기간과 관련된 공약들도 있었다. 사실 대통령 선거 때마다 나오는 단골 메뉴 중 하나이기는 하다. 군 복무를 1년으로 단축하겠다는 공약을 내세워 큰 주목을 받은 후보자도 있고, 경쟁에서 밀렸던 소수 여당의 후보자는 젊은 세대 지지율을 끌어 모으기 위해 모병제 같은 획기적인 주장을 했었다. 이런 주장들은 병력 감소와 군의 전문성을 떨어뜨릴 수 있다는 우려 때문에 포퓰리즘 정책이라는 비난을 받기도 했다.

나는 개인적으로 국방력을 병력을 기준으로 평가하는 것은 시대에 맞지 않는다고 본다. 2차 세계대전 이후 국방력을 결정하는 중요한 요인 중의 하나는 바로 '과학기술'이기 때문이다.

미래의 국가에서는 정보기술(IT)의 발전으로 이러한 경향과 사례들이 더 많이 나타날 것이다. 그러면 가까운 미래에서 IT를 융합한 과학기술을 이용해 국방력 강화를 해 나갈 수 있을까?

세계 전쟁사를 보면 1903년 12월 비행기가 개발되고 전쟁에 투입되면서 하늘(sky)이라는 새로운 전투 영역이 만들어졌다. 1914년 최초의 공중전이 전개된 데 이어 2차 세계대전 이후에는 제공권 장악이 곧 전쟁의 승패를 가르는 중요한 요소가 되었다. 빠른 속도로 공중을 날아다니면서 지상과 해상을 위에서 공격할 수 있기 때문이다.

현재의 공군력은 인공지능을 탑재한 무인스텔스기가 개발되어 소리 없이 영공을 날아가 적진을 초토화시킬 수 있고 역공도 가능할 정도가 되었다.

이처럼 인공지능들의 눈부신 발전과 확산으로 전함, 군용자동차, 비행기 같은 전략 무기부터 안경, 옷, 시계, 신발까지도 전략 기술 네트워크가 융합이 되어 사이버 공간으로 연결되는 등 그 영향력들이 빠르게 커져가고 있다.

또한 인공지능을 탑재하고 인간과 연결되는 로봇 첨단 공격 무기들까지 속속 등장하고 있는 현실이다. 인공지능 전쟁 로봇은 소규모 전투에서부터 전쟁의 승기의 흐름과 방향을 결정하는 전략에 이르기까지 모든 부분에 적용되고 있고, 전투용으로 개발된 킬러 로봇의 등장도 곧 더 늘어날 전망이다.

전투용 로봇은 1942년 미국의 SF 작가인 아이작 아시모프 Isaac Asimov의 단편소설 〈런어라운드〉에서 처음으로 소개되면서 세상에 알려지기 시작했다. 그 후 책과 영화 등에서 공공연한 소재로 쓰이고 있다.

대표적인 킬러 로봇 중 현재 최고로 불리는 '도고(Dogo)'는 지난해 8월 이스라엘의 로봇 회사인 제너럴로보틱스사에 의해 개발되었다.

크기는 매우 작고 가벼워서 건물 내부나 좁은 공간을 활용한 전투에서 매우 실용적이고 적합하다. 도고는 원격 조정이 가능한 적 진압용 시스템 로봇이다.

국내에도 비무장 지대에 배치된 SGR-1이 있다.

SGR-1은 감시용 로봇으로 표적물을 식별할 수 있고, 적에게 암구호까지 요구할 수 있다. 상대가 암구호에 대답을 하지 못하면 중앙센터에 알려져 근무 중인 군인들이 최종 침입자 여부 판별을 할 수 있는 대응자동설계 시스템으로 되어 있다.

영국 항공 방위 산업체 기업인 BAE시스템스는 무인 스텔

스기인 '타라니스(Taranis)'를 개발하는 데 성공했다.

타라니스는 인간의 개입 없이도 자율 비행을 할 수 있으며, 정밀 타격이 가능하고 엄청난 화력의 유도 폭탄까지 함께 장착할 수 있어 무시무시한 화력으로 목표 대상을 공격해 제압할 수 있다. 그뿐 아니라 적의 공격을 감지하는 시스템이 설비되어 있어 방어형 체계 무기로도 이용이 가능한 전천후 무기이다.

대부분의 킬러 로봇들은 공격은 자동으로 수행할 수 있게 설계되어 있지만, 그 정확성에서 다소 결함이나 기능이 떨어지는 문제가 발생해 아직은 사람이 개입하여 조종을 보조하고 있다.

그러나 인공지능 기술은 빠르게 발전하고 있어 이러한 문제도 시간이 곧 해결해 줄 것이다.

지난해 미 공군연구소에서 개발한 인공지능 '알파'는 공군 조종사를 이겨 화제가 되기도 했다.

알파는 개인용 컴퓨터에서 실행되는 350달러짜리 인공지능 로봇이다.

여기에 맞선 군인 진 리_{Gene Lee}는 수천 명의 미 공군 조종사를 훈련시킨 경험이 많은 베테랑 조종사였다. 하지만 공중 시뮬레이션 전투에서 알파를 한 번도 이기지 못하고 참패했다.

미 공군연구소에 따르면 알고리즘을 이용한 알파는 인간보다 무려 250배 이상 더 빠르게 상황을 판단하고 대처해 움직이기 때문에 인간이 이길 수 없다고 했다.

리는 "80년대부터 인공지능과 공중전을 벌여왔지만, 이번처럼 한 번도 이기지 못한 경우는 알파와의 교전이 처음"이라고 밝히기도 했다.

공상과학 영화 시리즈에서처럼 기계로 무장된 인공지능 로봇을 따돌리는 인간의 모습을 현실에서 찾아보기는 어려울지도 모르겠다.

첨단 기술을 활용한 인공지능과 로봇의 도입은 국방에 필요한 인력을 줄이는 장점이 크다. 그리고 위험한 전투에 사람 대신 로봇을 투입해 인명 피해를 최소화할 수도 있다.

그러나 국방 첨단화 시스템이 반드시 긍정적인 면만을 가지고 있는 것은 아니기에 기계의 오작동이 발생했을 때 누가 책임질 것인가와 같은 사회적 문제 등에 관해서는 여러 가지 논쟁들이 일어날 것으로 예상이 된다.

2017년 3월, 자주 국방 네트워크 자료를 인용해 정리하면 다음과 같다.

첫째, 인공지능 로봇은 해킹의 위협이 제일 큰 문제다.

재래식 무기와는 달리 소프트웨어 방식이기 때문에 악성 바이러스가 쉽게 배포될 수 있기 때문이다.

이런 최첨단 무기들이 테러 유발자나 정신이상자의 손에 넘어간다면 공격의 화살은 평범한 시민들에게 돌아갈 수도 있다. 수준 높은 디도스(DDos) 공격의 경우 전문가들뿐만 아니라 일반인들도 마음만 먹으면 누구나 실행할 수 있는 세상이 되어 가고 있다. 인터넷에서 공격용 소프트웨어 정도는 어렵지 않게 구할 수 있기 때문이다.

사이버전쟁의 중요성이 커지는 미래 상황에 대비해 국가 차원에서 높은 수준의 해킹 방지 프로그램들이 계속 개발되고 있다. 이러한 방지 시스템은 쉽게 뚫어 복제하거나 해킹하기가 거의 불가능할 것이다.

둘째, 인공지능의 공격 예측은 거의 불가능하다.

현재까지 스티븐 호킹을 포함한 수많은 학자가 킬러 로봇을 반대하고 있는 것도 그러한 이유이다. 인공지능의 행동을 예측하기란 확률적으로도 매우 어렵기 때문이다.

인공지능 시스템을 갖춘 로봇들의 공격에 대해서는 예측이 불가능하여 그 위험율은 30%가 넘는다. 오류로 인한 기계적 결함까지 더해진다면 더 올라간다.

최근 이와 유사한 엄청난 사고가 있었다. 2016년 7월, 미국의 한 쇼핑몰에서 치안을 담당하는 인공로봇 하나가 기계적 오류로 인해 16개월 유아를 공격해 죽게 만든 큰 사건 사고가 있었다.

이런 경우에서 보듯이 인공지능 로봇이 오류로 인해 일반인을 적으로 오판하는 오작동 행위들이 발생하는 것이 지금으로선 불가능한 일이 아니기에 그 위험성에 계속해서 대비해 나가야 한다.

셋째, 도덕적 윤리성이다.

로봇은 기계라 감정이 없어 사람들을 무참히 살해할 수 있다. 이는 인간의 존엄성을 고려할 때 크나큰 위험과 윤리적인 문제가 발생할 수 있는 여지를 준다.

인공지능이 문제를 일으켰을 때의 책임 소재에 대한 논란도 있다. 인공지능은 학습 범위에 따라서만 행동 결과치가 행해지기 때문에, 사고 발생시 모든 책임을 단순히 개발사에 돌리는 것은 문제가 있다. 앞으로 인공지능을 빠르게 고도화시키고, 이러한 윤리적 문제를 어떻게 처리할지를 계속 고민하며 발전시켜 나가야 할 것이다.

5세대 통신(5G Networks) 산업
미래의 네트워크 분야 최고의 화두는
바로 '5세대 이동통신'이다

5세대(5G) 이동통신 시대가 우리에게 성큼 다가왔다.

5G 기술은 현재 무선통신에 광범위하게 사용 중인 4세대

(4G) LTE(Long Term Evolution)의 업그레이드 버전이기도 하다.

5G는 빠른 속도를 바탕으로 주파수와 전력을 효율적으로 제한하고 사용하는 차세대 이동통신 기술을 통칭하며, 여기에 5G 기술은 실감통신까지도 가능하게 한다.

무선으로 풀 HD보다 4~8배 선명한 초고화질(UHD)이 구현되는 것은 물론이고, 가상현실(VR)과 증강현실, 홀로그램 등으로 결합되어 다양한 영상을 구현해 나갈 수 있기에 우리가 할리우드 SF 영화에서 자주 보는 장면들처럼 암에 걸린 환자의 장기를 고화질 홀로그램 영상으로 허공에 띄워놓고 360도 돌려보면서 수술 방식을 논의할 수도 있고, 기러기 아빠가 해외에 있는 가족들을 마치 자신과 같이 있는 것처럼 느끼도록 실감나게 언제든 떨어진 가족을 볼 수도 있게 된다.

사실 5G 기술이 없다면 '융합의 4차 산업혁명'은 불가능이라고 해도 과언이 아닐 것이다. LTE의 최대 1,000배에 달하는 엄청난 전송 속도와 반경 1㎢ 내의 사물인터넷(IoT) 기기 100만 개를 동시에 연결하는 광범위성, LTE의 50분의 1 수준인 짧은 반응 속도(Latency)를 바탕으로 자율 주행차와 VR, 드론 등 첨단 기술들과 광범위하게 상용화될 수 있도록 핵심 역할을 하기 때문에 이 분야는 우리를 더욱 기대하게 하고 흥분시킬 충분한 미래 비즈니스 모델 영역이기도 하다.

그러나 미래의 생활에서는 빛과 같은 속도의 짧은 시간 안에 시의적절한 명령어들이 전달되지 않으면 기기들의 작동이 불가능하고, 오류가 발생하면 매우 끔찍한 사고로도 이어질 수 있다. 그러므로 이를 융합한 VR을 통한 원격 의료 시술이나 로봇을 이용한 교통 감시 기술 등 미래 기술들이 안정적으로 실현되려면 반드시 5G의 빠르고 안정적인 통신망 기술 확보가 필수적인 것이다.

글로벌 시장 조사 업체 IHS는 최근 발표한 보고서에서 글로벌 5G 시장의 규모는 2035년이 되는 시점에서는 약 12조 3,000억 달러(약 1경 4,200조 원)이 될 것으로 명시하였고, 이와 함께 연계 산업 시장 규모도 3조 5,000억 달러(약 4,040조 원)이 넘을 것으로 전망했다.

이를 통해 경제적으로 새로 생겨나는 일자리만 약 2,200만 개에 달할 것으로 전망하고 있다. 세계 유수 기업체나 전문가들은 5G 기술 상용화 시점을 아무리 늦어도 2025년 정도로 예측해 발표하고 있다.

세계이동통신표준화기구(3GPP)는 2018년 6월까지 5G 관련 1단계 표준화 작업 기준을 완료하고, 2019년 12월까지 2단계 작업까지 마무리할 계획이라 보고했다.

세계의 통신 장비 업체들과 이동통신사들이 앞다퉈 5G 시장 선점을 위해 경쟁에 뛰어들면서 상용화 시점은 어쩌면 이보다 훨씬 더 앞당겨질 것이라는 예상도 나오고 있다.

인텔은 CES(Consumer Electrics Show, 국제 소비자 가전 박람회) 2017에서 미래의 네트워크 5G 모뎀을 세계 최초로 발표하며, 기가 비트급 속도를 가진 혁신 제품들을 최근 선보였다.

5G의 속도는 현재 4G 이동통신 속도인 300Mbps에 비해 무려 70배 이상 빠르고, 이것은 일반 LTE에 비해선 280배 빠른 수준으로 1GB 크기의 영화 한 편을 10초 안에 내려 받을 수가 있는 속도라 생각을 하면 이해가 빠를 것이다.

국내 기업인 삼성전자도 단말기부터 장비까지를 하나로 아우르는 원스톱 5G 솔루션을 17년도 MWC(Mobile World Congress, 모바일 월드 콩그레스)에서 공개하며 세계적으로 이목과 주목을 받았다.

중국 국영 정보통신기술(ICT) 기업 ZTE도 세계 최초로 5G를 지원하는 스마트폰을 선보이며 빠르게 시장을 넓혀나가고 있고, 노키아와 도이치텔레콤 등도 최근 5G 기반으로 구동되는 산업용 로봇들의 융합 시점을 제1의 목표로 삼아 서두르고 있다.

물론 초기 5G는 당분간 통신용보다는 가정과 사무실의 인터넷 연결 속도를 높이는 것에서부터 시작할 것이다. 그러나 미래의 주력 산업 비즈니스 모델을 계획하고 있는 삼성전자,

퀄컴, 인텔 같은 세계적 주요 기업들이 미래 5G 생태계 조성을 위해 파트너십 계약들을 더 활기차게 늘리고 맺어 미래 시장의 사업 영역들을 급격히 빠르게 변화시키고 확대해 나갈 것이 분명하다.

소비자들은 이제 겨우 LTE에 익숙해져 있지만, 세계 이동통신 선두 업체들은 이미 5세대 이동통신 산업 쪽으로 차세대 사업 방향을 급격히 옮겨가고 있다. 무선망 사용자들이 데이터를 소비하는 추세를 고려해볼 때 머지않아서 네트워크 용량의 한계도 예상해 볼 수 있을 것 같다.

이번 인텔의 5세대 이동통신 5G만 보아도 기가비트급 속도를 바탕으로 자율 주행 차량과 사물인터넷, 무선 광대역 등 다양한 분야에 다양한 혁신 제품들과 융합 적용이 가능하다는 것을 알 수 있다. 이런 놀라운 기술을 전 세계 여러 외신들은 앞다퉈 보도했었다.

우리나라도 역시 지난 10~15년에 걸쳐 무선통신 네트워크 용량을 20배 이상으로 늘리는 작업들이 진행되고 있다. 여기에 대해 같은 기간 동안 시장의 소비자들의 수요도 100배 이상으로 증가했다.

실제로 무선 인프라 관련 기업이나 한국 표준화 기관은 "2020년까지 네트워크 용량을 1천 배로 증설하겠다."는 목표를 세워 발표한 바가 있다.

국제전기통신연합(ITU)이 내린 5G의 정의는 최대 다운로드 속도가 20Gbps, 최저 다운로드 속도는 100Mbps인 이동통신 기술로 1㎢ 반경 안 100만 개의 기기에 사물인터넷(IoT) 서비스를 제공할 수가 있다. 이에 따라 시속 500㎞로 달리는 고속열차에서도 이제 자유로운 통신이 가능한 미래의 산업 기술로 국내에 소개되고 있다.

물론 이런 미래의 통신기술 5G가 전송 속도에만 신경 쓰고 있는 것은 아니다. 전송 속도 못지않게 응답 속도도 눈에 띄게 향상되고 있다. 이것은 쉽게 말해 데이터 전송 속도가 한 번에 얼마나 많은 데이터로 지나갈 수 있는지 알려주는 지표로, 응답하는 크기가 작은 데이터들이 오가는 데 걸리는 시간을 따져보는 것이 중요한 관건이기 때문이기도 하다.

우리나라의 K그룹은 2016년 6월 스웨덴의 에릭슨 Ericsson Inc. 과 함께 5G 시험망 장비 개발을 마치고 시연 준비 과정을 발표하기도 했다.

곧 국내 벤처기업 3곳까지 참여시키는 발 빠른 대응으로 증강현실(AR)과 가상현실(VR)까지도 활용이 가능한 최초의 5G 서비스를 시행할 단계까지 와 있다고 한다.

이것이 현실에 상용화된다면 짧은 기간 내 국내에서도 미래의 생활들을 송두리째 바꿔 나갈 것으로 예상이 된다.

국내 상황은 얼마 전까지만 해도 전파공학이라는 정보통신 분야를 3D 업종으로 여기는 분위기였다. 하지만 정부에서 다년간 많은 지원들을 통해 기업 간의 협업과 해당 연구소들에서의 자문을 받아주어 관련 네트워크를 구축하게 도와주면서 국내에도 이 5세대 이동통신 관련 개발 분야가 3D 업종에서 미래의 희망으로 변해가고 있어 천만 다행이다.

이 분야를 공부해 나가고 있는 나에게는 정말 매우 다행스러운 일이라는 생각이 든다.

미래 5세대 이동통신 기술만큼은 미국, 중국, 독일을 뛰어넘어 하루 빨리 국내에서 개발 기업들이 더 많아지고 상용화도 더 빨리 이뤄지기를 기대해 본다.

대한민국 1세대(1G) 이동통신이 시작된 시기는 1984년으로 고작 30년 남짓한 세월이다. 어느덧 우리나라 대한민국은 네 번째 세대교체를 앞두고 있을 만큼 통신기술의 발달이 한 해가 다르게 눈부신 발전을 거듭해 나가고 있다.

1G 이동통신 기술은 아날로그 기반의 기술들로 데이터 전송 기능이 없이 음성 즉 통화만을 이용할 수 있었지만 사람의 음성을 전기적인 신호로 전달했기 때문에 잡음이나 혼선들이 무척 심했다.

점차 급증하는 이동전화 수요를 1세대 방식으로는 감당하는 데 한계가 있다고 보았고, 이에 따라 한꺼번에 많은 통화량을 처리할 수 있는 시스템의 개발들이 진행되어 나갔다.

그로부터 몇 년 뒤 본격적인 이동통신 시대인 2G 시대(1990~2000년대)가 열렸다.

2G 시대에 이르러서는 전송 방식이 아날로그에서 디지털로 전환되고, 음성 신호를 전기 신호가 아닌 디지털 신호로 변환하여 사용하게 되면서 음성 통화뿐만 아니라 문자메시지와 메일 같은 데이터 전송들까지 손쉽게 가능해졌다.

3G 시대(2000년대~2010년대)에 와서는 전송 속도가 128Kbps~2Mbps로, 텍스트는 물론 사진과 동영상까지 전송될 수 있을 만큼 향상되어 바야흐로 지금의 스마트폰 시대가 활짝 열리기 시작한 것이다.

그로부터 딱 10여 년이 지난 지금의 4G(LTE) 시대 (2010년 이후)에는 정지 상태에서는 1Gbps까지 데이터 전송들이 가능해졌고, 고화질의 영화, 드라마 등의 콘텐츠를 누구나 마음만 먹으면 마음껏 볼 수 있는 시대가 되었다.

이제 곧 펼쳐질 5G 시대에서는 4G보다도 약 1,000배 이상 빠른 최대 100Gbps의 속도를 낼 수 있게 될 것이다.

800MB의 영화 한 편을 기준으로 3G는 7분 24초, 4G인 LTE는 1분 30초 정도가 걸렸지만, 5G 폰은 단 1초면 다운받

을 수 있다.

VR(Virtual Reality)
4D 산업

17년 스페인 바르셀로나에서 열린 MWC를 통해 미국 CNN은 VR(Virtual Reality) 4D를 올해의 미래 콘텐츠로 소개하였다. 향후 10년간의 VR 관련 기술의 발전 중요성에 대해 대대적인 언급도 함께 있었다.

현재 VR 시장의 규모는 2020년까지 1,500억 달러 가까이 성장할 것이라는 기대가 전반적인 세계 기준의 예상치로, 이는 아주 높은 미래의 비즈니스 산업 모델로서 재등장되고 있다.

가상현실(VR)은 'Virtual Reality'의 약자로 그래픽 등을 통해 현실이 아닌 환경을 마치 현실과 흡사하게 만들어내는 기술을 뜻한다. 가짜 세계를 진짜처럼 실제로 체험할 수 있도록 해주는 가상현실은 이를 체험하는 사람 입장에서 마치 실제 상황에서 상호 작용을 하는 것처럼 느끼게 된다. 이 기술에 고도화가 더해지면 이제 세상은 더욱 더 현실적인 가상의 또 다른 진짜 세계를 VR을 통해 체험해 볼 수 있게 된다.

현재 해외 선진 VR 시장에서 사용자들을 매료하는 구매 가능한 4D 제품들이 계속해서 빠르게 속속 등장을 하고 있다. 이를 통해 많은 수익을 보이는 제품 서비스까지 생겨나며 더욱 높은 관심이 집중되고 투자까지 함께 확대되고 있는 현실이다.

1980년대부터 등장했던 VR, AR 기술은 2010년대에 들어서면서 대중에게 확산되었고, 체험이 가능한 수준의 보급기도 함께 등장하였다. 이후 폭발적인 융합과 빠른 시장 변화를 통해 4D 기술 투자 전략 프로젝트들의 수립과 발표가 일어났다. 2016년에는 VR을 이용한 증강현실(AR) 게임 '포켓몬 고'가 전 세계 대중을 타깃으로 선풍적인 큰 인기를 모았다. 국내에서도 VR은 더 이상 게임 산업의 전유물이 아니라는 것이 중론이다.

현재 일어나고 있는 VR, AR 기술의 발전 방향을 정리해 크게 네 가지로 분류해 볼 수 있다.

첫째, 각기 발전해 오던 VR과 AR의 구분이 모호한 혼합현실(MR, Mixed Reality)로 융합, 발전되었다.

둘째, 시각 중심의 기술에서 인간의 모든 오감을 통해 경험되는 다중 감각 기술들로 추가 발전되었다.

셋째, 앉은 상태에서 360도의 3차원 콘텐츠를 보여주던 정적인 기술에서 주변 공간을 인식하고 사용자의 위치와 움직

임을 반영까지 하는 동적 기술체로 발전했다.

넷째, 외부와 단절되어 혼자 사용하던 기기가 아닌 여러 사람들이 같은 가상공간에 함께 있는 것처럼 보이고 서로 소통까지 가능한, 말 그대로 다원화 기술로서 발전이 되었다.

이러한 기술 발전은 기기가 설치된 한정되고 고정된 공간에서 벗어나 집과 직장, 야외와 교통수단을 이어주는 다양한 생활공간 속으로 그 활용 폭이 증가되어 생활에 많은 변화를 줄 수 있다. 새로운 미래 시장 모델로도 기대하기에 충분하게 발전을 거듭해 왔다. 더불어 고성능 컴퓨팅 환경 등이 마련되기 위해 하드웨어, 소프트웨어, 네트워크 시장까지 함께 재창조될 것으로 기대가 된다.

초기의 단순 놀이 게임, 영상의 엔터테인먼트 산업 수준을 넘어서 통신, 헬스 케어, 치료, 쇼핑, 교육 등으로 다양하게 변화 융합되어 혁신이 만들어져 나아가 많은 미래전문가들은 미래 산업 효과를 톡톡히 낼 사업 모델로 예측하고 있다.

이와 같은 기술 발전 방향이 미래의 우리 생활에 미치는 시사점과 대응 방안도 좀 더 적어보고자 한다.

첫 번째, 혁신의 플랫폼 기술로 이어져 플랫폼에 적합한 많은 시도들과 다양한 융합적 추가 연구들이 우리 생활에서 훨씬 더 강화될 것이다.

두 번째, 로보틱스, IoT 등 다양한 산업에서 추가 활용이 가능한 또 하나의 기술 개발이 더해져 미래의 편리성과 활용성을 기대할 수 있는 통합적 관점의 사업 분야로 이어져 나갈 것이다.

세 번째, 일상 모든 영역에서 다양한 실제 활용을 통한 광범위하고 폭 넓은 세밀한 사용자 연구들이 점차 더 실시가 될 것이고, 이를 통해 발생할 수 있는 부작용을 최소화하는 기술 한계로 발전되면서 미래 산업 발전 전반에 이바지할 수 있게 될 것이다.

이제 뜨거운 글로벌 경쟁 환경 속에서도 한국은 VR 기기 보급과 적극적인 투자를 함께 늘려 나가야 한다. 정부와 민간이 힘을 합쳐 기술 확보를 위한 환경도 구축하고, 투자 요인 개선과 공공사업을 통해 초기 시장을 마련하는 정책들도 더불어 생겨나길 기대한다.

물론 그 동안에 국내에서도 적지 않은 발전들이 있긴 했었지만, 세계적 VR 기술의 미래 발전적 모습과 닮아가려면 더욱더 많이 학문적으로도 발전시키고 미래 인재들을 더 많이 길러내야 할 것이다.

특히 국내에서 보이는 4D VR 크기, 편리성, 화질, 가격 등

등의 기술적인 문제는 우리가 나아갈 미래의 기술 발전에 아직은 발목이 잡혀 있는 것 같다.

이 분야에 조금만 관심이 있는 사람이라면 잘 알 것이다. 화질을 높이려면 장비가 커져야 하고, 장비를 가볍게 만들려면 화질에 문제가 생긴다는 딜레마를 국내의 기술을 가진 기업에서 극복해 주었으면 하는 바람이다.

당연히 지속적으로 투자는 이루어져야 하는 부분이다. 머지않아 시간이 지나면 곧 해결될 문제인지라 매우 큰 문제로 보긴 어렵겠지만, 국내 어느 분야들과 더 융합시키고 발전시켜 미래 비즈니스 모델로 키워 나갈 것인가가 중요할 것이다.

아직은 우리 기술들은 게임 쪽에만 치중되어 있는 것 같다. 설계된 건축물을 미리 체험하게 하거나 부동산 거래에서 미리 확인하는 방식으로 확장시켜 키워나간다면 충분히 세계에서도 인정받는 미래의 부가가치가 높은 산업으로 끌고 갈 수 있을 것이라 생각이 든다.

물론 이 분야는 정보 전달이 주목적이기 때문에 과연 기존의 정보 전달 수단에 비해 얼마나 효과적인지, 비용 대비 효과가 합리적인지가 중요하다.

이것 역시도 우리가 풀 수 있는 과제라고 생각한다.

이밖에도 우주탐험 개발, 의료, 교육 쪽도 충분히 가능하리라 싶다.

교육 공학적 측면으로 보더라도 원격 의료나 교육에는 특히 기존의 방법보다 확실한 효과가 있을 것으로 예상이 된다. 비용 문제들도 미래 타당성 조사와 미래 시장 확보만 된다면 충분히 고려해 볼만한 미래 산업 먹거리 중 하나일 것이다.

아직은 시장의 수익 전망이 불투명할 때 그 준비를 해 나가는 것이 맞을 것 같다. 미래를 대비한 정부의 지속적인 민간 투자도 이루어져야 할 부분이다.

현재 4D VR이 팔리는 시장은 엔터테인먼트 사업, 그 중에서도 주력 부분은 게임으로 아직은 시장성이 좋다고 본다. 4D VR 게임들은 확실한 차별성이 있기도 하며, 상품이 팔리고 그로 인해 투자가 지속되는 선순환 구조가 만들어지고 있어 일단 다양한 소프트 개발이 가능하다는 것이 이 분야의 장점이라 본다.

이미 세상에 4D 상품들이 나온 지 시간이 꽤 흘렀는데, 아직 큰 히트작이 없는 것이 조금은 아쉽다. 그나마 플레이스테이션 VR이 백만 대 정도 판매되면서 시장의 형성은 게임 쪽으로 아직은 계속 몰려 갈 것 같다. 작은 여담이긴 하지만 VR 기술이 더 발전하려면 앞서서 거론된 분야들을 포함해 새로운 용도의 성(性) 산업을 양지로 끌고 나오는 측면도 고려해

보길 추천한다. 전신 체감형 포르노 머신 같은 것을 만들어낸다면 어떨까? 아마 시장의 선도주체자를 충분히 바꿀 수 있지 않을까 싶다.

기술적으로 획기적이며 비용은 싸면서도 화질 좋은 HMD(Head Mounted Display)를 만들 수 있는 기술 개발에도 우리는 서둘러야 한다.

최근 오큘러스 등 많은 기대작들이 나왔지만 막상 뚜껑을 열고 보니 내 기대에는 크게 미치지를 못했다. 국내의 삼성전자에서 개발한 VR은 아직은 화질에 문제가 많은 것으로 평가받고 있다.

이 부분을 개선해 가격은 비싸지 않게 설정하여 소비자들이 지갑을 열도록 만들어 주기를 바란다.

물론 다른 국내 기업에서도 현실적인 방향성을 따져 보면서 이 사업 부분을 준비해 나간다면 어쩌면 VR이 미래 산업으로 더욱 가치가 있게 발전될 것이다.

이미 우리 기술로 개발된 장비들이 국내외 산업 현장에서 많은 용도로 쓰이고 있다. 국내 기술력은 세계 어느 기업과 겨뤄도 최고 수준으로 보아야 하기 때문이다.

AR 소프트웨어는 현재의 2D 기반 소프트웨어를 그냥 사용할 수 있다. VR이 인간의 시각 전체, 나아가서 감각 전체를

커버해야 한다는 부담을 안고 있는 반면 AR은 시각의 일부만 충족시키면 되므로 상대적으로 개발 부담이 적다. 어쩌면 이 부분이 미래의 비즈니스 모델로도 장점이 될 수 있을 것이다.

마이크로소프트의 홀로렌즈 같은 매력적인 시제품이 바로 내 주장을 뒷받침해준다. 조금 더 넓은 화면을 볼 수 있는, 조금 더 시각적인 만족감을 줄 수 있는 기술력이 이 분야의 관건일 것이다.

홀로렌즈(Hololens)

홀로렌즈(Hololens)는 마이크로소프트Microsoft사가 개발한 혼합 현실 기반 웨어러블 기기이다.

윈도우 홀로 그래픽 기술을 이용한 홀로렌즈는 완전한 가상 화면을 보여주는 가상현실(VR)이나 실제 화면에 덧씌우는

증강현실(AR)과 달리 현실의 화면에 실제 개체의 스캔된 3D 이미지를 출력하고 이를 자유롭게 조작할 수 있는 혼합 현실(MR)세계를 보여줄 수 있다. 또한 PC나 스마트폰 같은 다른 기기에 연결하는 디스플레이 헤드셋의 형태가 아니라 윈도우 PC 기능을 완전히 내장한 것이 특징이라 할 수 있다.

이미 개발자용 에디션(the Development Edition)은 지난 2016년 3월 30일에 출시되었고, 2016년 2월, 홀로렌즈의 개발자인 알렉스 키프만Alex Kipman이 사용자 에디션만 현재 출시를 연기시켰다.

드론(DRONE)

낮게 웅웅거리는 소리를 뜻하는 단어로 벌이 날아다니며 웅웅대는 소리에 착안에 붙여진 이름이 '드론'이다.

미래의 드론은 명령에 관련된 작동키나 입력 없이 생각만으로도 움직이게 할 수 있는, 첨단 기술 중에서도 아주 대표적인 미래의 비즈니스 모델이다.

1930년 무인항공기에 '드론'으로 명명되었으며, 현재 세계 각국에서 무인 정찰과 폭격기, 교육용, 상업용 등의 용도로 다양하게 앞다퉈 개발되고 있다.

기술의 발전과 활용 가능성이 더욱 높아지면서 드론 관련 산업은 이제 그 어느 분야보다도 다양하고 빠른 성장세를 보이고 있다.

조종사가 탑승하지 않고 무선 전파 유도에 의해 비행과 조종이 가능한 비행기나 헬리콥터 모양의 무인기가 현재는 가장 보편적이다.

초기 드론은 군사용으로 탄생했지만 이제는 고공 영상, 사진 촬영과 배달, 기상정보 수집, 안전 감시, 농약 살포 등 미래의 다양한 분야로 그 영역들을 넓혀가며 활용되고 있다.

드론은 크기에 따라 무게 25g의 초소형 드론에서부터 무게 1만 2,000kg에 40시간 이상의 체공 성능을 지니고 있는 드론까지 다양하다.

세계 무인기 시장은 2014년 기준으로 미국 54%, 유럽 15%, 아시아 태평양 13%, 중동 12% 등으로 미국과 유럽이 69%를 차지하여 형성되고 있다. 최다 드론 보유국인 미국은 120여 종 1만여 대의 드론을 현재까지 보유하고 있으며, 그밖에도 이스라엘, 프랑스, 영국, 러시아 등이 미래형 신(新) 드론 개발 프로젝트들을 운영하고 있다.

다만 아직까지는 각 나라마다 정치, 안보, 외교, 사생활 침해 문제 등 국가의 규제들 때문에 예상보다는 상업화 시기가 조금씩 지연되고 있는 현실이기도 하다.

국내에도 개인의 사생활 보호와 안보 문제로 드론 상업화에 대한 명확한 기준 관련 법제들이 모호해 미래적 상용화나 대중화의 지연이 불가피한 상황이다.

현재 서울 도심 대부분은 비행 금지나 비행 제한 구역으로 설정이 되어 있어 드론 활용에 아직까지는 다소 여러 어려움들이 있다. 하지만 미래의 비즈니스 모델이자 미래 먹거리 대표 사업 주자로 드론의 확장성 등 그 변화의 물결은 국내와 해외를 막론하고 이미 벌써 시작되었다고 보아야 한다.

지금까지 드론은 과거 군사용으로부터 모티브가 되어 주로 개발되어 오다가 1990년 후반부터 미디어, 레저, 완구 등 민간 사업용으로 확대가 되면서 그 수요가 급증하는 추세로 바뀌었다.

드론의 가격 역시 낮아지고, 소형화되고, 이동성 부분이 강화되면서 일반인 사용도 확대가 되는 '1인 1드론 시대'의 전망들은 10여 년 전부터 꾸준히 나오고 있다.

최근 시장 정세를 보면 드론으로 인해 바뀌어 나가는 세상들은 그 분야와 사용처의 주체들이 매우 다양하고 다채로워 미래의 사업성과 대중화의 바람이 거세지고 있는 것이 사실이다.

✎ 카메라가 장착되어 있는 드론

방송 미디어 분야에서 과거에는 담지 못했던 영상을 촬영

하는 것이 드론으로 가능해졌다. 1986년 폭발 이후 30년이나 지났지만 아직도 안전성을 확신할 수 없는 우크라이나 체르노빌 원전 사고 현장에 대해 CBS에서는 드론을 활용해 체르노빌의 곳곳을 취재해 전 세계 시청자들에게 영상으로 생생히 보여줬다. 영국 BBC에서 지금껏 볼 수 없었던 자연 생태계의 신기하고 재미있는 모습들을 전지적 관점으로 카메라에 담을 수 있었던 것도 바로 드론 덕분이었다. CNN은 2013년 발생한 터키 반정부 시위의 생생한 모습을 드론으로 촬영하여 보도했다. 드론은 혁신적인 제품으로서 미래 시대에서 다양한 분야에 그 발전들이 계속 이어질 것으로 전망 된다.

✎ 의학, 기상, 과학, 영화, 석유 시설 드론

드론은 의학 분야에서도 응급 환자를 탐지하고 수송하는 용도로 활용이 되고 있다. 기상 분야에서는 기상 관측과 태풍 등의 기상 변화 등을 실시간으로 모니터하는 역할로 적극 이용되고 있다.

과학 분야에서는 멸종 위기 동물의 지역적 분포와 이동 경로를 확인하고, 지리적 특성을 파악해 그들을 추적하고, 동물들이 어떻게 분포되어 생활하고 있는지 정밀 지도를 제작하는 용도로도 활용이 되고 있다.

영화와 방송 등의 다양한 촬영에 활용되기 시작하면서 이를 응용하여 정유 분야에서는 정유관의 파손 점검과 해상 석유 시설 관리 등에 적극 활용 중이다.

✎ 독일 DHL, 구글, 페이스북 드론

국제 특송 업체인 DHL은 드론을 이용한 의약품, 우편, 소화물 관련 다양한 배송 테스트를 계속해서 시도하고 있다. 드론을 이용해 기존 네트워크를 대체하는 글로벌 네트워크와 통신망이 곧 구축될 것으로 발표되었다.

앞으로 가까운 미래에는 드론으로 배송의 정확성, 효율성, 반품의 편리성이 더욱 증가되어 물류 시장의 패턴을 완전히 변화시킬 것으로 미래학자들은 예견하고 있다.

구글도 2000년 초반부터 비행선 형태의 무인기를 이용하여 인터넷과 통신망 구축 허브로 활용하고 있다. 페이스북 역시 드론을 통해 2018년도부터 아프리카와 남미 등의 오지에 무선인터넷을 자체 공급할 예정이다.

✎ 농업용 드론

미래 농업 분야에서도 점차 부족해지는 노동력을 드론으로 대체하는 방법들과 사례들이 계속해서 발전을 거듭해 오고 있다.

일본은 2013년까지 미국, 유럽 등 세계 시장에 2,500여 대의 농업용 드론의 판매를 개시했고, 전체 수확 논 면적의 40%에 대한 살충제 및 비료 살포 작업을 드론을 통해 대체하는 작업들이 이미 실행 중이다.

대표적으로 호주는 1,000여 대의 농업용 드론을 수입해 제초용으로 활용하고 있으며, 우리나라에서는 현재 중앙 농협이 농약 살포, 작물 씨 뿌리기, 산림 보호 등을 위해 150여 대의 드론을 보유하고 있다.

미래에 농업 분야에서는 드론을 활용하여 인건비 감소와 생산성 향상 등의 효과를 추가적으로 얻을 수 있을 것으로 전망하고 있다. 분야와 사용처에 따른 드론의 이용은 단순한 살포를 넘어서 미래의 농업 생산성 구조의 변화까지 가져오고 있다.

이 외에도 드론의 역할은 다양하다. 자연재해가 발생했을 때 신속하게 피해 규모를 조사하고, 피해액을 산정할 수도 있으며 재해나 사고 발생시 드론을 통해 사고 위치와 손해 발생 상황 등을 실시간으로 확보하는 데 활용도가 높다는 전문가들의 의견이 많다.

또 슈퍼마켓이나 편의점 등 동네 상권에서 시작해 점차 대형마트의 특정적 사업까지 이어질 것도 사실이다.

미국 일간지 워싱턴 포스트는 2023년도의 세계 드론 시장 규모를 약 100조 원대로 예상 통계를 발표했다.

미래의 우리 삶 속에 더욱 깊숙이 침투할 드론, 우리가 여러 기준 규제를 이유로 지금 놓치고 있는 미래의 비즈니스 모델 사업이 아닐지 지금 한 번 더 체크해 보아야 할 것이다.

아마존
배송의 하늘 길을 만들다

세계 최대 전자상거래 업체 아마존은 드론을 활용한 보다 완벽한 미래 사업 실현에 한 발 더 성큼 다가섰다.

아마존은 자사의 드론 프라임 에어를 활용한 배송을 미국

캘리포니아에서 성공적으로 진행했다는 내용을 최근 추가로 발표했다.

아마존은 지금까지 수년간 드론 프라임 에어를 테스트해왔다.

몇 년 간의 테스트 끝에 최근 미국에서 열린 MARS 컨퍼런스를 통해 처음으로 공개 시연을 한 후, 추가 노력 끝에 대성공적인 결과를 이끌었다.

아마존 프라임 에어는 사람들 앞에서 자외선 차단제 두 병이 담긴 상자를 안전하게 바닥에 착지시키며 시간 내에 빠르고 정확하게 임무를 무사히 완료했다.

아마존 프라임 에어의 구르 킴치 부사장은 미래의 미국 전역에 드론을 통해 모든 제품을 배송시킬 날이 멀지 않았다고 말했다.

그러나 현재 미국에서는 상업적 목적으로의 드론 사용을 금지하고 있어서 아마존은 영국에서 드론 배송 관련 실험들을 추가적으로 계속 진행하고 있다.

아마존은 드론과 관련된 비행과 착륙을 돕는 장치에 대한 특허 2건을 포함해 공중에서 낙하산으로 드론을 투하하는 방식 등의 특허까지 완료해 놓은 상태이다.

우리 주변국 중 일본 역시 드론 개발과 기술면에 있어서 최상위권의 국가이다. 안전에 민감한 사회 분위기와 규제에도 일본 내 자국 기업들은 미래의 먹거리 산업을 확보한다는 취지하에 매우 적극적으로 이 문제를 다루고 있다. 아직은 제조 단가에서 중국과의 격차 때문에 경제 수익 측면에서는 밀리고 있는 현실이지만 저출산, 고령화로 인한 노동력 부족 해소를 위해서 반드시 범정부차원에서 미래 산업으로 적극 지원되어야 하며 관련 법제화도 시급하다는 시장의 입장을 수용해 매년 기술력이 돋보이는 성장 모습을 보이고 있다.

미래 비즈니스 모델 개발을 연구해야 하는 기업과 연구소의 고민은 우리나라 대한민국도 전혀 다르지 않다.

미래의 산업을 대중화시키는 데는 앞으로도 여러 가지 부작용들이 나올 수 있겠지만, 이를 최소화하고자 하는 노력과 대안들이 개인과 기업 더 나아가 국가적으로 많이 고려되어야 한다. 또한 실업, 양극화 등 지능 정보 사회가 가져올 수 있는 부정적 결과에 대응할 사회적 준비들도 차근차근 진행시켜 나가는 것이 우선적으로 필요하다.

한 가지 더, 미래의 비즈니스 모델 개발을 위해서 정부는 하드웨어를 넘어서 규제 완화 등 소프트웨어와 인적 자원 개발에도 더욱 매진을 해야 한다는 것도 부정할 수 없는 현실이다.

아직 산업 초기 단계인 만큼 미래는 얼마든지 달라질 수 있다. 분명 쉬운 일은 아니겠으나 산업 각 분야에 정보통신, 인공지능 기술들이 조속히 삼투될 수 있도록 산·학·연·관이 함께 힘을 모아가야 할 것이며 더욱 새로운 비즈니스 모델 개발에 적극 대응해야 할 것이다.

PASSION

제5장

열망으로
미래의 트렌드를
비틀고 뒤집어라

우리는
얼마든지 스스로를
새롭게 만들 수 있다.

 4차시대의 개념을 파헤치는 것이 중요한 것은 아니다. 다만 이를 어떻게 받아들이고 당신이 처한 현장에서 알맞게 구현시켜 나갈 것인지 더 현실적이고 구체적인 방안을 찾아내는 것이 더 중요하다.

 지금도 과거에 했던 미래 시대에 대한 많은 예상들이 점점 현실화되는 양상을 당신은 '열망'과 '열정'으로 흐름을 파악하고 맞이해야 한다.

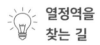
열정역을 찾는 길

 당신은 혹시 번지점프를 해 본 적이 있는가?

 아득한 아래를 내려다볼 때 나도 모르게 주저하며 엄습해

오는 두려움, 발을 뗄 때는 찰나의 후회와 몸이 굳어버리는 상실감, 허공에 내 몸이 내던졌을 때 큰 파도처럼 나를 덮치는 순간의 그 공포와 서늘한 추락, 그러나 추락하는 공포는 어느새 눈 깜빡할 사이에 지나가 버린다. 추락이 멈추면서 이어지는 탄력 있는 반응들은 무한한 성취감과 짜릿한 감동을 선사해 준다.

번지점프를 경험해 본 사람이라면 이 스릴 같은 공포가 서서히 쾌감으로 바뀐다는 것을 알고 있다.

그렇다. 미래의 변화도 우리에게 공포만을 전달하는 두려움의 대상이 아니다.

변화에 대한 관심과 관점을 잘 조준한다면 당신의 미래는 즐거워질 것이다.

미래는 살아 움직이는 생물체와 같다. 변화를 어떻게 이겨내고 성장할지, 사라져 가는 것을 어떻게 인정하고 대처할지 당신의 관점부터 뒤집고 비틀어야 한다.

이 장에서는 학습을 통해 자신의 마음에 열정역을 세우고 가꿔 나가주길 바란다. 미래를 더욱 좋은 세상으로 바꾸는 프레임의 변화는 늘 열려 있다.

미래 세계는 적응 우위에 따라 당신의 생존과 번영이 달려 있다 보아도 과언은 아닐 것이다. 당장 내일이 불투명한 오늘이지만, 미래라는 더욱 불가사의한 미로를 헤매고 있을 당신에게 이번 장을 특히 추천한다.

변화무쌍한 미래에 두 다리를 단단히 고정시키고 목표를 향해 걸어갈 방법은 무엇인가?

다가올 미래를 보는 눈을 키우면서 열망 속의 열정을 유지할 수 있다면 얼마든지 가능한 일이다.

실업률 50%의 시대, 그럼에도 최장 130세까지 살아가야 할 초 고령화 시대, 집값은 폭락해 심지어 부동산이라는 분야가 수몰되어 사라질 수도 있다는 예상들을 인식하고 잘 대비하기 위해서는 무엇보다도 당신이 이에 관심을 갖는 열정의 노력이 필요하다는 것을 다시 한 번 생각해 보길 바란다.

예를 들어 자동차의 역할과 기능들은 시대의 트렌드와 맞춰지면서 하이브리드에서 전기 차로, 오토매틱에서 무인 자율 주행차로, 단순한 탈것에서 인공지능 컴퓨터로 바뀌고 있다. 이처럼 모든 패러다임의 상황들은 지금과는 완전히 다른 하이테크놀로지 기술들이 융합되고 변화되어 우리를 기다리고 있으며 얼마 지나지 않아 미래의 변화된 일상으로 찾아갈 것이다.

머지않아 세계를 1일 생활권으로 만들 하이퍼루프* 신개념 고속철도와 자기부상열차와 같은 전 인류를 바꿀 기술들이 곧 세상으로 튀어 나올 것이다.

물론 이러한 내용을 소개하고 알려주는 책, 미디어, 기타 채널들이 많이 있지만, 사라지는 것들에 대응을 하고 가까운 미래에 새로 생겨날 것들을 대비시켜 진정 자신을 무엇으로 바꾸고 준비해야 하는지에 대해 이야기하는 것은 흔치 않을 것이다.

바로 이 점이 내가 바라며 이 책을 통해 추구하고자 하는 '열정역' 존재의 이유이다.

미래의 시간 속에 부질없이 사라질 20억 개의 일자리들에 대해 불안하고 부정적으로만 바라보며 생각하기보다는 열정을 키워 새로 생기는 직업들과 미래의 산업 전망, 미래의 일거리들이 당신이 찾아야 할 핫 트렌드라는 생각으로 비틀고 뒤집어 주는 것이 지금 필요할 것이다.

더불어 이를 열망으로 승화하려면 당신의 현재의 가치관과 미래 라이프스타일부터 하나씩 정리하고 서서히 변화시켜 나가야 한다.

하루하루가 변하는 시대, 30년 후의 세상을 그려본다는 것은 적지 않은 모험이다. 작은 횃불 하나에 의지해 깜깜한 미로를 헤쳐 나가는 것과도 같다.

어떤 관점(觀點)에 얼마만큼 무게를 두고 방향을 잡느냐에 따라 당신이 꿈꾸는 미래의 종착역은 전혀 달라질 것이다.

향후 당신의 10년 간 라이프스타일을 고민하고, 미래 가치

구현을 학습하며 미래의 적응이란 무엇일지 근본적으로 예상해야 할 시점이다.

무엇보다 먼저 당신 앞에 관심으로 두드러지게 나타날 트렌드가 무엇일지부터 전망을 시작하면 된다.

그것이 쌓이면 바로 미래에 당신이 있을 '열정역'을 찾아주는 열쇠가 되어 줄 것이다.

계속 강조되는 부분이지만, 당신이 열망하는 그 가치들은 미래의 시간 속에 따질 수 없는 귀한 선물로 '열정'이 되어 모든 것을 변화시켜 줄 것임이 분명하다.

인생은 늘 달콤하고 즐거운 것만은 아니라는 것을 모르는 사람이 있을까?

오히려 온갖 고난, 고통, 좌절은 꼭 필요한 것이며, 나를 힘들게 하고 슬프게 만드는 것이 미래의 나를 위한 선물이 될 수 있다는 것을 생각해야 한다.

미래의 인생을 그저 순리대로 바라보며 살라 하지 않겠다. 적절하고 효과 있는 해법을 찾아서 당신에게 제시할 것이다.

지금까지 읽었지만 이 책이 말하고자 하는 것이 무엇일까?

헷갈린다면, 잠시 책에서 눈을 떼고 조용한 곳에서 이것 한 가지만 생각해 주길 부탁한다.

"이렇게 변한다고 외치고 싶은 게 아니라 '그러함에도 불구하고'에 대한 이야기를 하려는 것"이라고 말이다.

이제 당신이 변화할 마음의 준비가 된 사람일 것이라 믿는다. 수많은 부정적인 요소에도 불구하고 긍정적인 결과를 충분히 만들어낼 수 있다고 생각하고 있을 것임에도 의심의 여지가 없다.

미래라는 시간 속, 제4시대에서 당신은 '보다 관심이 가는, 흥분되는, 활기찬'과 같은 말에 중점을 두고 인생을 헤쳐 나가고 싶을 것이다.

세상의 변화로 인해 앞으로의 인생이 지루하거나 따분하고 변덕스러울 필요가 없으며, 그런 것들에 불안해 할 필요는 더더욱 없다고 이야기해주고 싶다.

그것은 바로 어렵고 고통스럽고 힘든 상황에서 당신과 나에게는 생생하게 또 무엇인가를 목표하고, 목표한 바를 반드시 얻으며 충분히 살아갈 수 있는 '열망'과 '열정'이 있기 때문이다.

다시 말해 당신은 자기 일에 새로운 정신과 창조적인 기술을 가지게 될 것이라는 점을 믿을 수 있도록 이 책은 오로지 평범하여 지친 당신에게 자신 안 어딘가에 있을 '열정역'의 위치를 적어 놓을 것이다.

어떤 일이든 지금보다 더 잘할 수 있기를 원한다면, 관심의 열정을 유지하고 활기찬 인생을 그려나가길 바란다면, 이 책을 읽기를 끝맺을 쯤에는 자신을 믿게 되리라는 것을 믿는다.

이는 과거에서부터 지금 이 순간까지 열정을 유지해 가는 사람들이 세상 속에서 얼마나 놀라운 일을 만들고 있는지를 목격했고, 앞으로의 시간 속에서도 계속 놀라운 일들이 만들어질 것이라는 사실을 당신도 알기 때문이다.

 뿌리 깊은 나무처럼
열망과 열정을 유지하라

인간성보다 기술이 전성기를 누리게 될 20~30년 후, 스스로 도태되지 않고 삶에서 성공하기 위해 이제 당신은 어떠한 모습을 선택할 것인가?

삶의 가치 창출과 지속 가능한 성장을 위한 창조적인 일을 찾아야 한다. 곧 새로운 생태계가 탄생할 것이라는 변화를 읽고 낡은 패러다임 속에 스스로 남아있지 말아야 한다. 가치관과 라이프스타일의 변화에 발맞추어야 한다는 의미이기도 하다. 단순한 성장의 한계를 초월할 수 있을 때 당신의 잠재력은 더욱 무궁무진해질 것이다.

당신이 노령화되는 2030년부터 2050년까지 미래의 흐름을 주시하고, 앞에서 말한 트렌드 변화의 모습을 한 번 더 자세히 학습하여 어떻게 하면 지금의 삶을 더 비틀고 뒤집어 버릴지 생각해야 한다.

미국의 미래학자 존 나이스 비트 John Naisbitt 가 『메가트렌드』에서 이야기한 것처럼 "한 개인의 힘으로는 어찌할 수 없는 거대한 변화의 물결이 2030년 미래에 우리를 기다리고 있어 앞으로 어떻게 먹고살게 될지는 적응 노력과 학습에 따라 달라질 것이다."

물론 해답을 찾는 것은 개개인에 따라 조금씩은 다를 것이다. 그러나 문장을 몇 번 더 읽고 이해한다면 이것이 팩트이고, 미래 설계에 도움을 줄 다른 그 어떤 정보보다 떨어지거나 다르지 않다는 것을 느낄 것이다.

미국의 세바스찬 크레스지 Sebastian S. Kresge 는 자신의 이름은 딴 K마트라는 1,000개에 가까운 소매점 왕국을 완성한 인물로, 온화하고 조용하지만 뜨거운 열정인으로 표현하기 아주 알맞은 적임자다.

99년 6개월을 살고 간 그의 '열정' 이야기는 그가 세상을 떠난 후에도 많은 사람들에게 깨달음과 도움을 주었다. 그의 이야기는 미국인의 대표적인 성공 신화이기도 하다.

그는 근면, 검소, 정직, 신념, 열정 등으로 미국 펜실베이니아에 정착했던 자랑스러운 독일 이민자의 가족으로 자신의 장점을 찾아내 가난을 성공으로 탈바꿈시킨 대표적인 인물이다.

크레스지는 성격이 철저하고 예리한 사람이었지만, 다른 사람들 앞에서만은 늘 유머 감각을 잃지 않으려 노력했다.

하버드 대학으로부터 명예 학위를 받게 되던 날, 그는 연설로 소감을 이야기할 예정이었지만, 자신의 순서가 되자 잠시 고민한 후 이내 자리에서 미소를 띠며 "저는 말이지요. 말로는 돈 한 푼 벌어본 적이 없는 사람이라서요."라고 말하고는 그냥 도로 앉아 버렸다.

하버드 대학이 명예 학위를 주었던 세상에 영향력 있는 인물들이 많이 있었지만, 어쩌면 역사상 가장 짧으면서도 재치 있는 연설 소감을 말한 인물이 아니었을까?

크레스지는 자신의 열정으로 2억 달러가 넘는 돈을 번 큰 부호였다. 전 재산의 상당 부분을 가난하고 실패하여 힘들어하는 이들에게 아낌없이 크게 기부한 인물로도 잘 알려져 있다.

그가 남긴 말 중에 "나는 평생 열정의 마인드를 잊지 않으려 했다."라는 말이 첫 번째로 기억나는 것은 지금 현재 내가 발견한 것보다 미래의 세상을 더 나아지게 만들려고 노력했다는 말로 느껴졌기 때문이다.

나는 그가 이처럼 놀라운 인생을 산 비결이 무엇일지 이 책을 쓰면서 다시금 생각을 해 보게 되었다. 그러다 그의 말 중에서 또 하나의 금쪽같은 정답을 찾을 수 있었다.

그가 살아생전 어느 신문 기사의 인터뷰에서 밝힌 내용이 그것이다.

"내 평생의 철학은 단순합니다. 일찍 자고 일찍 일어나기, 안주하지 말기, 열심히 일하기, 남을 돕고, 화나는 스트레스 받는 일을 줄이면서 가능한 만들지 않기, 그냥 나의 본분을 지킨다는 것뿐."

어찌 보면 정말 그의 말대로 단순한 말이지만, 그의 이 철학이 K마트의 신화를 창조해 주었고, 스스로 열정을 지키고 열망으로 기초를 다지며 인생을 살아나갈 수 있도록 해 준 것이 아닌가 싶었다.

그의 자서전에는 이렇게 쓰여 있다.

"어느 순간 시작해 바닥에서부터 근검절약을 하며 살다보니 적어도 삶의 기본 법칙은 알게 되더라. 그저 나를 믿고 두려워하지 않았으며, 인정하면서부터 점차 모든 것이 쉬워졌다."

살아갈 용기, 신념과 관심 즉 열정이 있다면 그렇게 되는 것과 같다는 뜻으로 풀어주었다.

그렇다. 그의 그런 삶의 자세가 열정으로 탈바꿈되고 빚어져, 자신의 인생에 많은 도움과 교훈으로 남게 된 것이다.

후에 그를 아는 다른 사람들이 닮고 싶고 부러워하는 '인간의 열정역'으로 장벽을 깨고 극복하는 표본이 되어 준 것으로 볼 수 있다.

한 가지 더, 그에게 '장벽'이란 과연 무엇일까?

앞으로 살아가면서 해낼 수 있다는 동기를 얻는 과정까지 내 앞에 버티고 서 있을 모든 어려움의 한계들을 말했을 것이다.

언젠가 크레스지가 한 대학에서 실물 경제학 강연을 마친 뒤에 대기실로 어떤 한 여자가 조용히 찾아왔었다고 한다. 그녀는 알고 보니 졸업한 뒤 한 번도 만나지 못했던 그의 중학교 동창생이었다.

"크레스지, 너의 이야기를 들으면서 진정 삶은 작은 것이라도 지키며 시작하는 것이 중요하고, 그것이 미래의 정말 많은 것들을 새롭게 이어질 수 있게 해 준다는 사실을 오늘 한 번 더 느꼈어.

처음에는 그저 좀 뻔한 이야기가 아닌가 실망스러웠지만, 나중에는 그 뻔한 말이 나에게 해주는 큰 칭찬으로 들렸거든.

내 오랜 벗 세바스찬 스퍼링 크레스지 씨, 나는 너의 덕분에 뻔한 진리를 찾았어. 누구든 작은 것으로 시작된 '열정'으로 최선을 다하기만 한다면 정말 놀라운 결과를 얻을 수 있다는 진실, 나의 행복과 창조적인 생활을 방해하는 질병 같은 불안과 절망이라는 장벽을 완전히 깨부술 만큼 강하고 활기찬 기운이란 무엇인지를 말이야."

그녀는 반갑게 맞이해준 크레스지에게 더는 말없이 눈빛으로 인사한 후, 마치 발밑에 용수철이라도 단 듯이 가볍게 대기실을 걸어 나갔다.

당신에게 다가올 미래의 속도가 따라잡기 힘들 정도일 것이라는 건 대부분 이제 아는 사실이다. 거기에 미래 사회의 경제구도까지 빡빡하게 더해지면, 이를 준비하고자 하는 마음을 먹더라도 어쩌면 현재 생활의 불황과 생활고라는 환경들 때문에 마음가짐과 딱딱 맞아 떨어지지 않고 차질을 빚게 될 수도 있다.

그 장벽을 깨부술 무언가는 새삼 크고 다른 것이 아니라 세바스찬 크레스지처럼 결국 나를 컨트롤하고 지휘하는 마인드 하모니, 바로 '열정'이라는 것이다.

쫓기는 자에게는 거북이도 어마어마하게 빨라 보이고, 앞서가는 자에게는 빛마저도 느려 보이는 법임을 당신은 깨달아야 한다.

미래의 잠재력, 비즈니스 트렌드

트렌드를 파악하라는 이야기에 대한 당신의 생각은 어떠한가?

10년 정도를 내다보고 전망해 보았을 때 미래의 환경 변화

에 따른 떠오르는 업종 및 핫 트렌드 4가지를 소개해 보고자
한다.

✐ 미래 부상하는 프리랜서 업종(The future Freelancer)

전 세계적으로 직업, 직종들은 하루가 다르게 변화가 다양
해지고 그 성장의 규모도 커지고 있다. 시장의 트렌드 변화가
훨씬 빠른 미국을 기준으로 보면, 2016년 약 5천 5백만 명의
새로운 업종의 프리랜서들이 생겼고 경제활동을 하고 있는 중
이다. 이는 미국 전체 노동 인구의 약 35%에 달하는 수치이다.

국내 삼성 경제 연구소의 2017년 「세계 이코노미 보고서」에
서는 다가올 미래는 점차적으로 플랫폼 중심으로 변화할 것
이며, 현재의 노동력을 이용한 제조 업종부터 규모의 절반 이
상은 10년 주기로 바뀌어 나갈 것이라 발표했다.

미래 세계에서는 기술적인 연결성과 기업, 개인의 선호에
따른 변화의 트렌드가 더 다양해지고, 그런 흐름들과 맞물려
지금보다 훨씬 더 많은 여러 직종의 프리랜서들이 등장하여
그들의 경제활동이 시장에 더 큰 변화를 가져올 것으로 전망
해 볼 수 있는 것이다.

나는 대도시들의 탄생과 발전에 따른 사회 업종의 변화들
을 자주 목격해 왔다. 국내에도 좋은 직장이나 최고의 인재들

은 서울, 수도권 등 얼마 안 되는 대도시에 집중적으로 편중되어 있다. 누구든 좋은 직장을 원한다면, 그 편중된 도시로 이주하는 방법이 아주 일반적일 것이다.

앞으로 기술의 발전은 이런 현상을 변하게 만들 것으로 보인다. 빠른 속도로 발전하고 있는 현대 사회의 기술들은 장소의 제약을 점점 없애면서 드롭박스, 구글 행아웃, 스카이프 같은 서비스들을 통해 효율적인 원격 근무가 가능하게 할 것이다. 이를 통해 수많은 프리랜서들이 탄생할 것이고, 그들은 특정 도시의 사무실보다는 재택 근무, 원격 근무에 걸맞은 유연한 근무환경으로 재분포되어 새로운 업종 전환의 트렌드를 함께 선도해 나가기도 할 것이다.

여러 분야로 확산되는 프리랜서들은 온라인 협업 툴을 활용하고 융합과 통합 프로젝트를 어렵지 않게 함께 맞추어 진행해 나갈 수 있다.

통합된 솔루션 업무용 메신저 슬랙* 협업 커뮤니케이션 서비스, 트렐로* 프로젝트 관리 툴 같은 확장성이 좋은 프로그램들이 생겨나면서 굳이 같은 공간에서 만나지 않더라도 온라인상으로 프로젝트 진행 상황의 공유가 가능해졌으며, 스카이프* 세계 최대 인터넷 전화 같은 화상프로그램의 발전으로 상시적인 공간에서 일일이 클라이언트들과 가졌던 오프라인 미팅이 없이도 아주 간편하고 수월하게 프로젝트 진행이 가능하게 펼쳐지기 때문이다.

이제 미래의 기업들은 점점 더 유연해지고 네트워킹도 쉬워져 누구나 하려는 의지와 '열망'만이 있다면 능력에 따라 더 좋은 근무 환경을 직접 선택하거나 만드는 시대가 될 수도 있다. 이 점은 발전된 미래 사회의 긍정적인 요소이기도 하다.

앞으로 매일 2시간씩 출퇴근하며 업무 외적으로 시간을 낭비하지 않는 시대가 온다면, 지금부터 당신이 하고자 하는 일에 전문성을 잘 키워만 두어도 몇 년 후면 당신은 새로운 미래의 준비들이 가능해질 것이다.

✎ 시공간 제약 없는 글로벌 세상, 온라인 교육업
(Online-Education with no limit)

미래의 복잡한 현대사회를 굴러가게 하기 위해서는 사회조직 내 거대한 톱니바퀴를 구성하는 업종들이 필요하다. 온라인 교육업이 그 큰 축으로 성장될 수 있을 것이다.

미래의 기술 변화로 인해 교육은 온라인 특수화를 예고하고 있다.

대부분의 현장 노동력과 간단한 사무 업무들은 기계화된 AI들이 대부분 차지하게 되고, 인간에게는 보다 전문화된 지식에 대한 니즈 부분들이 증가되면서 다양한 직종의 통합 전문가에 대한 수요들이 더 빠르게 증가한다는 사실을 뜻한다.

특히 소프트웨어를 융합한 교육공학이나 다양한 하드웨어의 개발에 따른 디자인 및 제품 개발은 그동안 특정 분야로 지칭되어온 기술 분야에서 한 사람이 일을 마스터하기에는 너무나 많은 능력을 요구하게 될 것이다.

하지만 모순적이게도, 지금의 우리는 어느 한 분야의 전문가가 되는 것이 삶을 보장해주는 시대에 살고 있다. 따라서 당신은 이제 미래를 위해 JAVA에서 Objective-C* 객체 지향 프로그래밍 언어로, PHP에서 Ruby* 인터프리터 방식의 프로그래밍 언어로, 통계 분석에서 빅 데이터* 방대한 양의 다양한 정보를 빠르게 처리로 그리고 PR에서 SNS 관리로 옮겨갈 준비들이 되어 있어야 한다.

이미 평생 교육과 재교육에 대한 니즈의 증가로 시장들이 만들어져 가고 있음을 판단하고 이에 맞추어 준비해 나가야 하는 것이다.

지금까지 대부분의 스마트한 일반 근로자들이 하나의 학위를 따고 평생 일할 직장을 찾는 것이 전부였다면 앞으로는 자신의 전공을 넘어서서 배우고, 배우면서 일하는 사이클이 선호되는 시대가 찾아올 것이다.

미래 교육 시장에서 온라인 학습은 이러한 수요에 해결성을 제공하게 될 것으로 보인다. 온라인에서 글로벌 학위를 취득한 졸업생들은 그 학위를 인정받아 세계의 전문화된 여러 직종으로 취직이 가능하게 된다. 그들이 배운 것들은 나라와 언어에 지장받지 않고 실용적인 융합 스킬까지 함께 습득될 것이다. 그리고 새로운 업무에 대해 편리하고 학습 가능한 툴도 다양하게 생겨, 향후 온라인 학습 시장은 지금보다 10~20배 이상 더 세분화되어 구축되고 발전될 것이다. 기계화로 노동력 시장 유지가 운영되면서 인간의 노동력 영역으로 여겨지던 현재의 모든 노동의 패러다임은 앞으로 중요한 혼란과 의문들이 함께 제기될 것이다.

이제 많은 기업들은 조직의 팀원들이 오래도록 함께 하지 않을 것이라는 사실을 인정하고, 반대로 전문가들은 기업들이 그들을 오래도록 필요로 하지 않을 것임을 받아들여야 한다. 업종의 다변화와 분야의 핵 분할 형태로 나누어질 것이므로 영역을 넘나드는 통합 시스템으로 구축된 온라인 전문 교육 프로그램들은 더 많이 양산되고, 시장의 유지를 위한 일반화된 필수조건으로 급격히 세상을 만들어 가게 될 것이다.

🖋 선택의 폭이 넓어지는 미래의 구직자들
(Jobseekers get Choosier)

미래의 직장을 찾는 구직자들의 전문성 부분은 더 강화되고, 선택의 폭은 현재보다 훨씬 더 다양하고 넓어질 것으로 보인다.

지금처럼 구직의 기준이 연봉 같은 보상체계가 아닌, 그들의 가치관이나 라이프스타일, 목표에 얼마나 부합할 것인가를 기준으로 삼는 사회적 평가에 따른 파괴적인 선호 트렌드 사회 체제로 돌아가기 때문이다.

경제적 보상만을 바라며 회사를 다니던 개인들은 하나둘씩 사라지고, 자신의 스펙을 추가 개발하여 단순한 월급 인상에만 목을 매고 연연해하지 않는다는 것으로 의미될 수 있다.

그렇지만 미래에도 역시 월급은 만족할 만큼 높은 폭으로 오르지는 않으며, 승진이 힘든 상황도 지금과 별반 차이는 없을지 모른다.

다만 다양하게 다른 기회를 모색하는 사람들이 많이 생긴다는 것은 당연하다. 따라서 그들은 자신이 하고 있는 일을 통해 기회와 스킬을 얼마나 터득할 수 있는지, 더 보람 있는 일을 할 수 있는지 혹은 일과 생활의 균형을 영위할 수 있는지를 따져보며 직업을 찾게 될 것이다.

이것은 미래의 삶의 우선순위들을 정하는 데에 아주 의미 있고 대표적인 변화이다. 내가 선호하여 찾은 직장에서 일하는 것으로 의미 자체가 바뀔 수도 있다는 면에서는 역시 엄청난 현상이다.

이제 당신은 앞으로 트렌드의 변화에 맞추고 미래의 다양한 요인들을 더욱 고려해 신중히 일할 곳을 선택하게 될 수 있을 것이다.

✎ 핫 트렌드(Hot Trends) 창업

미래에는 거창한 아이디어나 제품을 만들어내지 않더라도 창업이 가능해질 수 있어 기업주가 되는 사람들이 지금보다는 훨씬 증가할 것으로 많은 미래전문가들은 예상하고 있다.

이들은 스타트업* 신생 벤처기업을 시작으로 각 계의 프리랜서들이 자연스럽게 모여 각자 또는 함께 팀을 이루며 일하는 핫트렌드 스타일러로 변해갈 수 있을 것이다.

지금의 기준으로는 그들이 기업주라고 인정하기 힘들 수 있겠지만, 앞으로의 시대는 각각의 프리랜서 시장들이 확대가 되면서 그에 따라 인식과 정의도 변화되어 갈 것이다. 특히 지식 네트워크를 활용하여 새로운 트렌드를 지향하는 아이템을 가진 스타트업이 많이 탄생할 것으로 예상된다.

영국의 미래경제전문가인 로널드 코스 Ronald Coase의 말을 인용하면, 기업들은 더 이상 합병 등으로 인해 거대해질 이유가 없다. 인공지능과 휴먼로봇들이 미래의 근로자로 고용되는 형태로 빠르게 바뀌면서 내부적 인력을 키우는 것보다는 기업의 실리를 따지며 사업의 타당성 근거에 따른 이윤을 추구해 크기를 키울 것이고, 자택형인 하우스 인력들 위주로 늘리며 사업을 진행시켜 나갈 것이다. 물론 그에 맞는 효율적인 대안들도 함께 채워질 것이라 본다.

나 역시도 이러한 변화의 흐름에는 전적으로 동의한다. 다만 전문 인력으로 인력을 재편하고 태스크포스를 통해 꾸려나가는 더 효율적인 기업 운영 체제안이 마련되어야 새로운 창업이 많이 일어날 수 있으리라 생각한다.

실제로, 맥킨지 글로벌 연구소McKinsey Global Institute는 향후 10년 뒤 기업의 조직 형태를 태스크포스 형태의 소 프로젝트 단위로 편성, 변화시켜 전 세계 대상 기업의 매출과 이익률을 더 끌어올리겠다고 발표했다.

미래의 창업가를 꿈꾸게 되고 머지않아 스타트 기업가로 성장할 수 있는 많은 발판과 기회들이 만들어질 것이라는 전망이 이미 미래의 사회적 트렌드임에는 분명하다.

현재 우리는 미움, 두려움과 같은 갈등의 요소나 형태들은 쉽게 인정을 하면서도 미래의 변화를 통해 자신의 '열정'을 키울 수 있다고 확신을 하지 않는 것 같다.

누군가 나에게 이렇게도 묻기도 한다.

"누구나 미래를 대비해 열정을 갖고 싶어 하지만, 사람에 따라 노력해도 열정이 생기지 않거나 없을 때는 어떻게 해야 합니까? 내 자신이 직접 나를 열정인으로 만들 수 없는 거 아닌가요?”

“난 못해.”라는 말처럼 튀어 나오는 이런 말에 나는 열정 찬양자로서 절대 동의를 할 수 없다.

우리는 얼마든지 스스로를 새롭게 만들 수 있다.

열정역에 나를 멈춰 세우면 늘 기분 좋은 성격으로 바뀔 수 있기 때문이다.

다시 말해, 변화의 흐름을 느끼고 트렌드를 익히려는 생각과 의도만 있어도 누구나 노력하여 열정적인 사람이 될 수 있다. 힘들어도 줄어들거나 말라붙지 않는 은근하고 깊은 열정을 품게 될 수 있다.

미래를 향해 자신의 바람대로 스스로를 변화시키고 싶다면 먼저 자신이 미래에 희망하는 일들을 구체적으로 생각해보고, 그에 관한 작은 프레임이라도 마음속에 심어야 한다.

실제로 그런 성격을 가진 사람처럼 행동해보면 점차적으로 그렇게 발전하게 될 것이다.

서둘지 말고 침착하라.

자신이 바라는 대로 변할 수 있다는 사실을 믿고, 그에 맞추어 끊임없이 노력해야 사는 세상이 오고 있다.

💡 일단 그런 척하라!

미국의 저명한 심리학자인 윌리엄 제임스William James의 유명한 '그런 척하기(As if)' 원칙이 있다.

그는 "어떤 자질을 갖고 싶으면 그것을 이미 가지고 있는 것처럼 행동하라."고 말한다.

당신이 '그런 척하기' 원칙을 한 번 시도해 보면 아마도 놀라운 힘과 효과를 곧 느낄 것이다.

심한 열등감에 사로잡혀 수줍음을 많이 타는 소심한 사람이 있다고 가정해 보자. 그가 외향적으로 변하려면 먼저 자신의 현재 모습이 아니라 앞으로 되고 싶은 모습을 상상하며 살아야 할 것이다.

다시 말해, 스스럼없이 사람을 만나고 상황을 현명하게 다루는 '그러한 사람이라고' 스스로 믿어야 한다는 것이다. 자신이 바라는 것에 대한 생각이나 심상을 깊은 의식 속에 심기 시작하면서부터 부딪치는 상황이나 나와 다른 사람들을 얼마든지 다룰 수 있게 된다. 자아와 맞서 의식적으로 당당하게 행동하면서 자신의 이상적인 모습을 상상하고, 그런 사람이 되어간다는 가정을 늘 바탕에 깔고 일부러라도 '척' 행동을 하다 보면, 생각하던 모습으로 점점 변모한다는 것은 이미 과학적인 논문과 실험으로 입증된 인간의 본성 법칙이다.

열망가로서 긍정적인 태도로 살기 위한 또 다른 방법은 '정신적인 환기'이다.

우울하고 불길한 생각으로 가득한 마음은 열정과 생기 있고 활기찬 사고를 방해하고 저해한다. 미움, 편견, 분노, 사람들과 세상 전체에 대한 불만처럼 어둡고 폐쇄적인 생각도 마찬가지이다. 더욱이 실망과 좌절은 마음에 무거운 그림자를 드리우고, 긍정적 마음가짐에도 대단히 악영향을 미친다.

정신적인 환기는 열정이 샘솟는 활기찬 사고를 받아들이겠다고 마음먹고 나를 다잡을 때 생겨난다. 이 또한 나를 열정역에 가두는 데 필요한 방법이다.

변화의 트렌드를 비틀고 뒤집는다는 생각은 미래를 살아갈 모든 사람에게 각자의 큰 차이를 만들어 줄 것이다.

19~20세기에 발간되었던 잡지 「가톨릭 레이맨The Catholic Layman」에는 다음과 같은 내용이 실려 있다.

"사람마다 열정적인 시간은 모두 다르다. 어떤 사람은 30분 동안, 또 어떤 사람은 30일 동안 열정적이지만, 성공적인 삶을 사는 사람은 평생 나를 열정인으로 생각하는 사람을 말한다."

열정을 유지한다는 것은 특히 나이가 든 사람들에게 더 어려운 일일 것이다. 해가 갈수록 무서운 시련을 겪으면서 실망으로 꺾인 희망과 꿈의 활력 감소로 자연스럽게 점차 흥미와 열정을 쉽게 잃어버리기 마련이다. 그러나 살아갈 힘의 원천인 열정을 완전히 사라지게 하는 것은 아니다. 다만 그것은 의지가 없는 부정적 사고의 무방비 상태에서 일어나는 것과 같다.

노쇠, 고통, 질병, 절망, 좌절의 상황에서도 영혼의 추락을 막고 열정으로 영원히 의욕을 얻어 갈 수 있다고 생각하라.

진정 나를 믿어라.

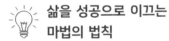

삶을 성공으로 이끄는 마법의 법칙

이 장을 정리하는 차원에서 열정가로 성공하기 위해 내가 터득한 '마법의 법칙'을 알려주고자 한다.

당신이 진정으로 열정을 만들어 미래를 살아가고자 한다면, "욕구를 찾아 먼저 충족시켜라(Find a need and fill it)."

아마도 이 법칙을 따르고 실패한 사람은 없을 것이다. 이를 따르면 어떤 사람이라도 열정으로 성공할 수 있다. 실제로 이 법칙은 인생을 성공으로 이끈 사람들로부터 듣고 배운 것이다.

새로운 세상에 성공으로 놀라운 능력을 증명한 사람들은 대부분 이 법칙을 준수했다. 당신이 잘 아는 글로벌 기업의 총수나 전문 CEO 교육에도 필수적으로 들어있는 말이다. 역사 속 위인들도 시기적절하게 이 법칙들을 적용했다. 그들은 그들이 옳다고 정한 욕구를 충족하기 위해 노력했고, 인류를 이끈 수많은 지도자들과 봉사자들도 역시 그러했다.

열정에서 욕구를 찾아 충족시켜주는 것이 결과에 큰 영향을 미친다는 사실은 이미 증명된 사실과 사례에서 많이 찾아볼 수 있다.

내가 하는 일에 애정을 느끼지 못하면, 일은 더 힘들고 지루해질 수밖에 없다.

욕구는 일에 흥미와 만족감으로 연관되기 때문에 마지못해 하는 사람은 일을 잘 할 리 없다.

당신은 욕구를 찾으라는 나의 말에 이렇게 항변할지도 모른다.

"현재 하고 있는 일은 좀 지겹거든요."

결국 그 일을 지겹게 만드는 것은 당신 자신이 아닐까?

지금 반복적이며 지겹다고 느껴지는 일이 욕구를 찾으면 스스로의 마음을 어떻게 변화시키는지 확인하길 바란다. 열정은 사람뿐만 아니라, 일의 성격도 변화시킬 수 있다.

일에서 만족감과 흥미를 찾고 열정으로 일했을 때 어떤 변화가 일어나는지 말해 보고자 한다.

JW 메리어트 호텔의 수석 총지배인 매튜 쿠퍼 Matthew Cooper 가 말한 자신의 욕구를 찾아 즐겁게 일하는 열정의 리더십은 매우 의미 있는 이야기다.

전 세계에 열정의 명사들이 많이 있지만 매튜 쿠퍼처럼 자신의 일에서 만족감과 흥미를 찾으며 일하는 이는 쉽게 찾아보기 힘들 것 같다.

그는 18세에 오스트레일리아의 브리즈번 힐튼 호텔에서 룸서비스 담당 보조 직원으로 호텔리어 인생을 시작했다.

그가 처음 맡아 한 일은 식당에서 사용한 접시를 모아 빠른 시간 내에 부엌으로 가져가는 일이었다. 호텔 내에는 엄격한 위계질서가 있어서 말단 보조 직원은 흰색 겉옷을 입어야 했는데, 담당 업무 때문에 늘 청결함을 유지하는 것이 그에게는 여간 어려운 게 아니었다. 더불어 상급자들의 엄한 지시를 받으며 1년 이상은 고된 그 일을 반드시 해내야 했다.

대부분 같이 일하는 보조 직원들은 자신이 하는 일을 매우 하찮고 수치스럽게 여겼다. 늘 퉁명스러운 표정으로 지시하는 상급자의 눈치를 보며 움직이다 보면 일도 역시 너무 지루하고 고단할 수밖에 없었다.

그러나 18세의 젊은 매튜 쿠퍼는 달랐다. 그는 생기가 넘쳤고 열정적이어서 여러 보조 종업원들 중에서 단연 돋보였다. 늘 상급자의 요구에 민첩하게 응했으며, 손님들뿐만 아니라 동료들에게도 도움이 되려고 노력했다. 매튜는 웨이터들의 일도 도왔고, 필요하다면 뭐든 가리지 않고 해내었다. 정해진 일 외에는 손도 까딱하지 않으려는 다른 사람들과는 전혀 달랐고, 누가 봐도 그는 완전히 다른 유형의 사람이라는 사실을 단박에 눈치 챌 수 있을 정도였다.

그의 행동은 책임감이 있고 일을 즐기는 사람이라는 인상을 주기에 충분했다. 그는 일할 때 늘 넘치는 열정으로 자기가 하는 일의 품격을 높였는데, 이런 자세가 결국은 나중에 기회를 만들어주었다.

호텔 일에 흥미를 보이며 다른 업무에도 관심을 가졌고, 결국 특유의 적극성을 발휘해 직접 총지배인실을 찾아가 룸서비스 업무보다 일이 훨씬 힘들고 남들이 기피하는 객실 프런트 데스크 일에 자원했다. 총지배인은 그가 생소한 업무를 잘 해낼 수 있을지 염려했지만, 매사 강한 열정을 보이는 그의 적극적인 태도를 믿었고, 그에게 기회를 주기로 했다.

그가 며칠 뒤 객실 프런트 데스크에 배치되고 제일 먼저 노력한 것은 자신의 외모를 바꾸어 호텔을 찾는 고객에게 신뢰감을 주는 일이었다.

그는 그 당시 100kg이 넘는 거구였다. 그러나 철저한 운동과 식단 관리를 시작했고, 반년도 안 되는 기간에 약 30kg을 감량했다.

그의 열정이 쏟아낸 놀라운 결과는 특히 그를 믿어주었던 총지배인에게는 더욱 감동이 되었다. 그 뒤에도 자신의 욕구를 펼치며 점점 더 많은 기회를 얻었고, 룸서비스, 연회 팀, 레스토랑 매니저, 식음료 팀장을 거쳐 호텔 내 프런트 데스크 매니저까지 맡게 되었다.

그는 또한 세계적인 호텔에서 일하면서 완벽한 서비스를 제공하기 위해 오랫동안 자신과 동료들의 습관을 면밀히 분석했고, 이를 자신의 것으로 모방해 적극적으로 주변에 알리기도 했다. 그 자신도 이 과정에서 리더의 반열에 올랐다.

매튜 쿠퍼는 32년의 호텔리어 인생을 통해 자신의 책임 하에 총 5개의 호텔을 새로 오픈했고, 3개 호텔의 사장과 총지배인을 역임했다.

그는 늘 문제와 맞닥뜨렸을 때 이렇게 행동했다. 그것은 바로 문제에 부딪힐 때마다 남들이 정해놓은 안 되는 이유를 제쳐두고, 되게 할 방법을 찾는 것이다. 강한 자신감을 무기로 기회를 만들고 찾아냈고, "안 된다", "못 한다"는 말을 결코 하지 않았으며 말보다는 낙관의 힘을 믿었다.

"도전 앞에 움츠러드는 것은 젊음의 자세가 아니다."라는 링컨의 명언을 가슴에 새기고, 일하며 터득한 기술들을 주변 동료들에게 전달하기를 주저하지 않았다. 난제를 해결하는 사례를 많이 만들었고 이는 곧 동종 업계 호텔리어들에게 귀감으로 남아 있다.

현재, JW 메리어트 호텔 수석 총지배인으로 취임해 있는 그에게 리더로서의 비결을 물었을 때, 그의 답은 "안 되면 되게 하라."였다.

한 고객이 "일하는 이야기를 할 때 당신의 눈은 정말 즐거워 보여요."라고 말을 건네자 그는 웃으며 이렇게 대답했다고 한다.

"그럼요. 호텔이 얼마나 훌륭한 직장인데요. 최상의 서비스를 제공해서 인정받고 일할 때의 성취도나 흥분은 내 인생 그 무엇과도 비교할 수 없어요. 그리고 호텔도 최고이지만, 이곳을 찾아오는 손님들도 진정 훌륭하신 분들이고, 우리 주방장님도 최고의 예술가랍니다."

이렇듯 그의 '열정'은 말에 담겨 그의 행동 하나 하나에서 묻어났다.

그가 생각하는 호텔은 완벽한 서비스로 완전한 휴식을 보장하는 화려한 쉼표이며, 그래서 좋은 호텔이란 완벽한 서비스를 은유한다고 그는 많은 사람들에게 말한다.

18세에 룸서비스 직원으로 호텔에 발을 들인 후 50세의 나이가 되기까지 철저한 자기 관리를 통해 자신의 욕구를 찾아 만들며 리더로서 주위의 존경을 받는 그를 보며 나는 너무나 깊은 감명을 받았다.

매튜 쿠퍼를 통해 한 가지 마법 같은 사실도 알게 되었다. 그것은 언제 어딘가에서 누군가가 되겠다는 막연한 목표가 아닌, 정확하고 구체적인 목표를 스스로 만들어 찾아가야 하는 것임을 말이다.

당신도 앞으로 미래에 새로운 것을 찾아 얻고자 한다면 지금 하고 있는 일에서부터 열정을 쏟아 보아라. 그러면 당신의 하고 있는 일들이 얼마나 놀랍게 변해 나가는지 금방 알 수 있게 될 것이다.

또 하나 이 한 가지를 더 기억해 주길 바란다.

당신이 진짜 원하는 가치를 찾아내려 노력하라. 단지 자신의 성찰로만 국한시키지 말고, 그것이 무엇이든 욕구를 충족시키려고 부단히 관심을 갖고 해답을 얻고자 노력하라. 결국 노력은 보상을 충분히 받는다.

새로운 세상에 맞추어 어떤 일을 하는 능력을 소유하고, 성공한 사람들은 자신의 욕구를 먼저 찾고, 타인의 상황을 잘 맞출 줄 알고, 상기하고 새로 수정하여, 현재 꼭 필요한 문제들을 골라 먼저 해결해 나간다.

'열정'은 독선적인 머리, 교활한 수단, 떳떳하지 못한 자기 PR, 지나친 자신감으로는 절대로 이루어질 수 없다. 어쩌면 한동안은 그런 행동들이 도움이 될 때가 있을지도 모른다. 그러나 오래 자세히 들여다보면 그 실체나 알맹이가 없기 때문에 머지않아 그 속을 훤히 드러내고야 만다. 이것이 마치 열정적인 제스처인 양 큰 소리로 상대를 제압하며 이야기하는 사람들도 있으나, 대화와 설득으로 결과를 해결하기 위해서는, 생각이 결여된 잘못된 방법이다. 이런 방법들은 열정과 무관하며 대부분 이런 대화는 지속될수록 반드시 실패하기 마련이다.

열정에는 자신을 위해 남을 상대할 서비스 정신이 꼭 들어가 있어야 한다. 분명히 사람들의 요구를 충족해 줄 수 있을 것이라는 자신감에 바탕을 두어야 한다. 지나친 자신감과 오버 페이스를 보이는 것은 상대로부터 저항을 불러오기에 고민에서 파생된 자신만의 확신이 있어야 한다.

그것이 진정으로 열정적인 삶을 보장하는 길이며, 격이 있는 열정이다. 또한 강요받지 않아도 성공적으로 열정역에 안착할 수 있다.

따라서 이미 도래한 4차시대에 맞추어 삶을 준비하고자 한다면 당신 스스로의 욕구를 충족시키는 정말 필요한 열정을 가지고 있어야 한다. 그래야 진정한 성공이다.

자신의 존재나 내가 준비하는 일이 정당하다는 확신이 꼭 필요하다. 그것이 스스로 느끼기에도 정당하지 않으면 잘못된 것이다. 반쯤 정당하다 느끼면 반쯤 잘못된 것이다. 옳지 않으면 잘못된 것이요, 잘못된 것이 전혀 없으면 역시 옳은 것이다. 따라서 앞으로 당신은 어떤 일을 해 나가든지 옳은 것, 좋은 것과 친해지도록 노력해야 한다.

미래의 내 삶을 꽃피우고, 진정으로 나를 통한 열정의 힘을 믿고자 한다면 노력하여 욕구의 힘을 비축할 수 있어야 한다. 그래야 미래의 가치와 작용이 커지기 시작한다.

이것은 사람이든 기계든 상품이든 서비스든 제4차시대의 어떤 것에 대해서도 진정으로 열정이 개입될 때 설득력이 생겨난다.

어쩌면 열정은 지구상에서 가장 강력한 매개체인지도 모르겠다. 당신이 사람들에게 다가가 그들의 요구를 인식하게 돕고 또 그것을 충족시킬 수 있다는 사실을 알리게 만들어 줄 것이다.

당신의 안에 있는 열정력은 당신의 인생에서 중요한 요소로 작용된다. 당신이 열정가가 되지 못할 이유라도 있는가? 당신은 미래에 필요한 것들을 이미 가지고 있다.

그러나 인간 본성에는 가끔 자신을 알아차리지는 못하는 특징이 있어서 자신에게 가장 필요한 것을 얻으려고 할 때마다 저항적인 현상들이 많이 생기는 것이다.

이 때문에라도 '자신의 관점을 비틀고 가치를 뒤집는 노력'이 필요하다. 미래 과학 기술의 발전은 자신이 꿈꾸는 주장들에 대해 다른 사람들과 함께 불안감을 깨닫고 동의를 구하는 일련의 과정일지 모른다.

열정의 한 사람이 탄생될 때 사회에서 타인의 생활에도 충분히 영향을 주고 그들에게 하고 싶다거나, 아이디어를 주거나, 신념을 나누어주거나, 어떤 목표를 향해 함께 걸어가고 싶도록 만들어준다. 그렇기 때문에 '열정'은 미래에서도 중요하고 필요한 자질인 것이다.

'열정' 플랜

01 목표를 세워라
(Plan purposefully)

02 기도하는 마음으로 준비하라
(Prepare prayerfully)

03 긍정적으로 실행하라
(Proceed positively)

04 끈기로 밀고 나가라
(Pursue persistently)

세상은
냉정을 지키면서
열광하는 사람의 것이다.

어떻게
젊게 살 것인가(How to stay young)

무엇보다 중요한 것은 스스로 자신을 믿는 것이다.

앞에서 당신이 열정의 원리와 필요성을 깨우쳤다면 작가로서 더 이상 바랄 게 없다.

이제 자신이 생각하는 것보다 더 잘할 수 있으며, 믿는 만큼 이루어진다는 확신을 꼭 가지길 바란다.

그리고 깨우친 대로 진정한 열정으로 생활을 채워야 의미가 있을 것이다.

당신은 이제 연기나 김이 피어나는 상태를 넘어 새롭고 활기차게 불타오를 때가 되지는 않았는가?

미래를 살아갈 당신이 진정 어떤 사람이며 그 성격이 어떻든 정신적이고 영적인 열기는 앞으로 당신의 미래의 실패 요소를 태워줄 것이다. 또한 그동안 잠자고 있던 비밀 발전소와 같은 열정역의 기틀을 만들어 계속 끄집어내 주기도 할 것이다.

두렵고 걱정하는 수순을 넘어서 끓어오르기로 마음을 먹었다면, 이제 미처 자신의 것이라고 생각하지 못했던 능력과 힘을 발견할 수 있어야 한다.

얼마 전에 나는 우연히 강원도 평창에 갔다가 대한민국의 스켈레톤 선수 윤성빈 씨에 관해 CNN 기자가 쓴 〈변화의 열정〉이라는 제목의 기사를 접한 적이 있다.

그는 나에게 "인간은 끝없는 열정을 품은 일에 반드시 성공할 수 있음"을 한 번 더 깨닫게 해주었다.

위대한 업적들은 대부분 처음에는 확률 싸움에서 시작된다. 어떤 모험이든 시작할 때는 언제나 '불가능할 것 같은' 부정적인 마음이 소극주의자가 되라는 유혹과 오판을 먼저 바탕에 깔도록 만든다.

성공을 이룬 사람에게 물어보면 이루어지기 직전에는 반대되는 예측들이 줄기차게 찾아온다고 한다.

비관주의자로 살 것인가?

"거봐, 내가 뭐랬어?"라고 부정적인 말만 늘 하며 살 것인가?

열정을 잃은 채 미래를 살아가는 사람들은 실질적인 결과를 얻기 어려우며, 상대방도 덩달아 성공하지 못하기를 바란다.

　나의 집안은 3대가 군인인 집안이다. 그리고 베트남전쟁 참전으로 다리에 총상을 입으셔 늘 거동이 불편하신 큰아버님이 한 분 계신다.

　얼마 전 내 본가인 충남 서산에서 큰아버님으로부터 한 통의 편지를 받았다. 최근 내 저서인 『꿈은 삼키는 게 아니라 뱉어내는 거다』를 읽으시고, 내게 직접 보내오신 자필로 쓴 편지였다.

　큰아버님은 요즘 새로운 일을 시작하셨다고 했다. 자신과 같이 베트남전쟁 참전 용사들을 위한 개인 인터넷 라디오 방송이라고 전해 오셨다.

　비단 나뿐만 아니라 미래를 준비하는 우리들에게 울리는 바가 있을 것 같아 편지의 일부분을 싣는다.

　큰조카야!
　나는 요즘 아침에 침대에 누운 채 오늘 있을 온갖 좋은 소식과 일들을 생각해 내며 그것을 습관처럼 내 자신에게 들려주고 있다.

오늘은 몸 컨디션이 좋아진다거나, 생각이 맑은 상태로 깨어 있다거나, 너의 책이 재미있다거나, 친구가 찾아온다거나, 많은 사람들이 나에게 신뢰를 보내고 있다는 등의 소식들을 빠지지 않고 나 자신에게 전한 다음에야 다른 이들에게도 좋은 일들, 좋은 사람들, 좋은 기회들로 가득한 세상을 만들며 행복한 하루를 맞이하란 인사를 위해 방송을 시작한다.

방송 처음에는 한두 사람의 응원만을 받았는데 시간이 지나다 보니 이제는 내 방송을 듣고 힘을 내며 내 방송을 자주 듣고 있다는 편지를 자주 받고 있구나.

매일 아침마다 실천하는 나에게 들려주는 '좋은 소식 알려주기 방법'은 나의 하루를 더 잘 보내게 해주는 듯하다.

물론 때로는 실망스러운 소식을 접하는 상황도 닥치지만, 난 그래도 그럴수록 좋은 소식을 더 내 자신에게 말하고자 노력을 한다.

그것이 나쁜 소식도 좋게 변하게 만드는 것 같고 내 기분이 즐거워지기 때문이기도 하단다.

이 방법은 나쁜 일이 생겨 잊고 싶을 때도 도움이 되는데 어쨌거나 마음이 어떻게 인식하느냐가 나를 변화시키며, 어떤 일을 하든 그 결과에도 상당한 영향을 미치게 됨을 너에게도 말해주고 싶구나.

간혹 아직 시작하지 않은 하루에 대해 걱정하는 사람들이 있다면, 어려운 문제가 생길 것이라고 미리 짐작하는 사람들이 주변에 있다면 꿈을 말하는 작가로서 너도 전해주거라.

그런 생각은 사람들을 가능성에서 혐오감, 심하게는 두려움으로 가득 차게 바꾸기 때문에 문제가 흥미로운 반전으로 이어지리라는 기대를 거의 품지 못한다고.(후략)

나는 하루를 대하는 큰아버님의 삶의 태도를 진심으로 존경한다. 다른 사람들 같으면 완전히 낙담하기에 충분한 비극적인 삶으로 인생에서 돌이킬 수 없는 고통을 경험한 분이시지만, 그는 나에게 기회가 생길 때마다 이렇게 말씀하신다.

"인생 전체로 본다면 패배는 재앙이 아니라 단순한 사건일 뿐이다."

그는 아침마다 새로운 사실들을 접한다는 생각으로 하루를 시작한다. 새로운 사실들과 만난다고 확신하면 그 자체로 행복해지고 건설적인 것을 시도할 수 있다고 했다. 열정과 능력이 넘치는 그는 또 나에게 자주 이렇게 말씀하신다.

"나는 하루를 두 종류로 나눈다. 어떤 날 나는 행복하고, 또 어떤 날은 날아갈 듯이 더 행복하다. 이것이 내가 매일 새롭게 열정적으로 살 수 있는 방법이다."

열정은 믿음이다.

세상은 냉정을 지키면서 열광하는 사람의 것일 것이다. 깊이 생각하고 신중하게 행동하려면 냉정해야 한다. 열정으로 가슴에 불을 지피지만, 생각이나 계획에 있어서는 열기에 좌우되지 말고 그것을 통제해 나가야 한다. 긍정적이며 차가운 이성으로 무장해 부정적인 예측들이 난무하지 못하게 나에게 먼저 말해주고, 나를 침범하지 못하도록 막아야 한다.

통제된 열정은 나를 창조하지만, 통제되지 않은 열정은 나를 파괴할 수도 있다.

미래의 내 자식들과 후손들, 나라를 위해 한 몸을 바치신 나의 큰아버님은 4형제 중 가장 똑똑한 자식이었고, 정이 많은 형이자 동생이었다. 나라를 위해 먼 타국에서 피 흘리며 돌아왔지만, 작은 훈장 하나와 나라에서 지원받는 매월 58만 원이 현재 수입의 전부이다. 그러나 그는 늘 행복해하며, 때로는 불처럼 뜨겁고 때로는 차가운 눈꽃 같은 열정을 잊지 않고 살고 있다.

그가 나에게 가르쳐 주신 비결, 그를 통해 다른 사람들이 공통으로 느끼고 있는 '열정의 기술들'을 정리해 보면 다음과 같다.

PASSION

제6장

'熱情'은
차이를 만든다

1. 나에게 묻고 욕구를 찾아 충족시켜라. 아무도 원치 않는 것만큼 힘든 것도 없다. 내가 진정으로 원하는 것을 찾고 그 결과가 좋을 것임을 믿어라.

2. 세상에 나 자신을 팔아야 하므로 자신을 믿어라.

3. 일부러라도 행복함을 찾아라. 행복해하는 나를 보며 흥분을 느껴라.

4. 자신을 열정으로 채워라. 열정만이 당신이 하는 일과 상대방을 흥분하게 만든다.

5. 너무 열심히 열정을 좇다가는 상대방에게 지나침을 보일수 있다. 그 결과는 후회로 남는다.

6. 영원히 식지 않는 깊은 내면의 열정으로 우려낸 강력한 의욕으로 나를 무장하라.

7. 이것도, 저것도 아닌 사람이 되지 말라. 반만 노력하지 말고 총력을 기울여라. 마음을, 자아를 전부 쏟아 부어라. 그러면 진정한 결과를 달성할 힘을 얻을 수 있다.

8. 집중해서 생각하라. 미래를 예견하라. 지금의 생각은 아이디어를 낳고 그 아이디어는 너의 미래를 바꾼다.

9. 대화하는 법을 수정해라. 사람들과 자주 접촉하라. 사람들을 알고 그들을 좋아하라. 당신을 좋아하도록 당신의 생각을 강요하지 마라.

10. 국가는 가장 위대하고 중요한 것이라고 믿어라. 스스로를 정의의 책임자라고 믿어라. 자신이 대한민국 국민임을 자랑스러워하라.

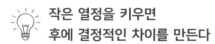

작은 열정을 키우면
후에 결정적인 차이를 만든다

대학생일 때 강릉 묵호항에서 수산업협동조합(水産業協同組合)을 통해 오징어잡이 배를 타 본 적이 있다. 새벽에 조금씩 비가 내리는 날이었고 배를 타 보는 건 처음이라 무척 걱정이 되고 고민이 되었다.

"혹시 태풍을 만나면 어떻게 하죠?"

나는 30년을 넘게 배를 타 오신 선장님께 여쭤봤다. 그는 웃으며 몇 마디 농담을 하시고는 진지한 표정으로 말을 이어나갔다.

"배를 타려면 한 가지 확실한 마음가짐이 있어야 해. 파도나 태풍 같은 것에 미리 걱정하거나 대항하지 않는다는 거지. 그냥 배 가장자리에서 목표하는 대로 방향을 세워 일에 집중하는 것, 그렇게 정신을 놓고 일을 하다보면 태풍이 순풍으로 바뀌기도 해."

그 당시 어렸던 나는 이 말을 잘 이해하지 못했다.

긍정적인 사고와 믿음은 문제와 어려움을 순풍으로 바꾸고, 매 순간 서로를 믿고 협심해 그 바람을 뚫으면 성공적인 만선의 결과를 가져 올 수 있다는 것임을 말이다.

열정적으로 살려면 지나치게 서두르거나 흥분하는 분위기

에 희생되지 말아야 하고, 느긋함의 원칙을 훈련해야 한다.

열정이라고 해서 반드시 요란하거나 뜨거울 필요도 없으며, 강력하고 통제된 의욕들이 필요할 때가 있다.

따라서 열정은 매우 외향적인 사람뿐만 아니라 조용하고 절제된 사람에게서 더 잘 표출될 수 있다. 냉정을 지킬 줄 아는 사람만이 진정한 열정가이기도 하기 때문이다.

최근에 나는 많은 2030들에게 편지를 받고 있다. 나의 책 『꿈은 삼키는 게 아니라 뱉어내는 거다』를 읽고, 나의 강연을 들었다며 연락이 오는 젊은 후배들을 만날 때면 의외로 요즈음 스스로 본인들의 인생 자체가 실패작이라고 말하는 2030의 젊은 청춘들이 많았다.

학업, 등록금, 취업, 결혼, 주택 마련 등 우리 사회의 총체적 문제를 경험하고 있는 그들은 현재의 어려움에 너무나 힘들어하고 고민하고 있다.

나 역시도 30대에 너무 힘들어 주저앉고 싶을 때가 많았다. 그러나 그들에게 그 순간을 긍정과 열정으로 이겨내지 못한다면 결국 그 이유로 실패하게 되는 것이라 말해주고 있다. 어려움이란 특별한 삶이 보장되는 기회이며, 기쁨이란 그 어려움을 이겨냈을 때 찾아오는 선물이다.

자신의 인생은 누가 대신 살아주지 않는다. 내 미래는 스스로의 의지로 이겨내야 한다.

영국의 총리를 지낸 제임스 램지 맥도널드_{James Ramsay MacDonald}의 책을 나는 사랑한다.

그러나 지금은 그의 아내 이야기를 하려 한다. 그녀는 임종을 앞두고 사랑하는 남편에게 이렇게 말했다.

"여보! 남은 삶에 더 무엇을 하시든 우리 아이들의 인생에 끈기와 열정은 꼭 심어주세요. 그런 것들이 있어야 행복하게 잘 살 테니까요."

열정적인 생각은 결국 만족스러운 행복을 만들어 낸다. 그것은 어려움의 환경에 지쳐 삶이 지루한 사람들에게 낭만까지는 아니어도 최소한 호기심과 의미를 선사하며, 다가올 미래에 교육과 많은 기회의 혜택을 받을 수 있도록 도와준다.

오랜 세월에 걸친 희생과 고통에 지쳐 일구어낸 부와 문화를 받은 수혜자들도 인생에 의미와 가치가 없다는 결론을 내리는 암흑의 시대에 우리는 살고 있다. 상황에 따라 어떤 이들은 열정에 관한 말을 언급하는 것을 듣는 것만으로도 이해심 없는 얼굴로 당혹해 할 수 있다.

물론 어려움에 처한 당신에게 이 열정들을 옹호하기에 지금이 좋은 시대는 아니라는 것도 난 인정한다. 그러함에도 불구하고 열정은 이 시대가 가장 필요시하는 덕목이며, 인생에 소중한 가치라고 생각한다.

사실, 열정은 어떤 부류에서는 완전히 촌스럽고 세련되지 못한 것으로 여겨질 수도 있다. 설득력이 있을지는 모르겠지만 이렇게 말해주고 싶다.

"우리는 인생에서 많은 시간을 이성과 아름다운 행복이 반항하는 시대를 살게 된다. 그러나 열정을 잃지 말고 노력하라. 그러면 화가는 창의적으로 물감을 화폭에 다시 뚝뚝 떨어뜨리며 그림을 그리고, 조각가는 쓰레기장에서 가져온 낡은 쇳조각과 콘크리트를 다시 이어 붙일 수 있을 것이다. 뮤지션은 노래를 부르고 타이어 레버를 둥둥 치며 연주를 시작하고, 작가는 지금은 별로 중요해 보이진 않지만 그 문제를 희망적인 미래로 가지고 가 글로 웅얼웅얼거릴 것이다. 열정을 통해 이성은 아무것도 증명할 수 없는 것이 아니라 준비하지 못하고 포기하는 마음이 바로 당신의 몸을 굳어버리게 하는 것이다."

오늘과 미래는 언제나 새로운 경험이다. 그러므로 이제 자신의 과거 기억에서 모든 불쾌한 일들을 떠나보내고 지금을 유쾌한 순간으로 만들어 가겠다고 다짐하라.

기억 속에 너무 많은 일을 남겨두지도 말라. 있는 그대로의 현재를 즐기려고 노력하라. 자주 추억을 말하기보다는 새롭고 즐거운 경험들에 관심을 더 집중하라.

기억은 보다 즐거운 지금 이 순간들에 자리를 내어줄 것이다.

이와 관련해 프랑스 철학자 데카르트Rene Descartes는 이렇게 말했다.

"사람들은 우리에게 기억하라고 가르친다. 어째서 잊으라고 가르치지는 않는 것인가? 인생에서 기억이 축복 못지않게 저주라는 사실을 잠시라도 생각해 본 사람은 없다."

지금을 변화시키기 위해 할 수 있는 게 아무것도 없다고 불평하지 말자. 자신의 정신이나 대화 속에서 습관적으로 불평들이 내 귀에 울릴 때마다 나 스스로를 감시하라.

이러한 자기희생적인 게임이 멈출 때까지, 필요하다면 일일 기록이나 메모를 이용해 자신의 미래 성공 항로를 반복적으로 적어보길 바란다.

💡 당신의 열정을 덫으로 빠뜨리는 말들

아래 문장들은 무엇인가를 핑계 삼아 열정에 해를 끼치는 사람이 가장 흔히 사용하는 말들이다.

"넌 어째서 …처럼 하지 않니?"

어떤 '본보기'처럼 행동하지 않는다는 이유로 자기 자신을 싫어하게 만들어서 열정을 희생시키려 자극하는 말이기도 하다.

권위를 가진 사람들이 직장이나 가족처럼 자기에게 종속되어 있는 사람들을 통제하기 위해 때때로 이런 말을 자주 사용한다.

"다른 사람들은 그렇게 하지 않잖아!"

너무 소심한 나머지 자기의 주장을 제대로 펼치지 못하는 사람이 핑계성으로 다른 사람들의 눈과 귀를 흐리게 할 때 많이 쓰는 말이기도 하다.

"내가 당신처럼 똑같이 한다면 어떻게 될까요?"

내가 내 권리를 부추기고 있다고 말함으로써 상대에게 수치심을 주려고 애쓴다. 알고 있겠지만 열정은 자기 권리를 관철시키려고 하는 것이 아니다.

모든 사람들이 다른 사람처럼 똑같이 행동하며 살 수는 없다.

"세상 모든 사람이 …한다면 어쩌겠는가?"라는 식으로 당신에게 추상적인 질문을 하는 사람이 있다면 그 사람은 결과적으로 해를 입히는 사람일 수 있으니 조심하라.

"지금 삶에 만족해요."

이 말은 교묘하게도 다음과 같은 뜻을 함축적으로 의미하고 있다.

"나의 부모는 가진 게 하나도 없었지."

"나는 더 이상 열정 같은 소리는 하고 싶지 않아."

이런 말을 하는 사람들은 미래나 혹은 현재에 어려움을 겪을 수 있기 때문에 자기주장을 내세워서는 안 된다는 생각을 갖고 있다. 이 말에 속아 넘어갈 경우 미래에 자신은 소유할 것이 없다는 것을 남에게 보이게 된다.

"그런 행동은 하지 마! 너무 당혹스러우니까."

이 말은 다른 사람에게 효과적으로 대처하지 못하게 하고, 낙담시키기 위해 자주 사용된다. 이런 말을 자주 이용하는 사람은 자신의 행동으로 세상의 판단과 정면으로 맞서 싸울 수 없는 사람이기도 하다.

특히 이것은 젊은 10대들에게 자신의 생각보다 타인의 생각을 더욱 중시하도록 가르치기 위해 이용되기도 한다. 이런 말 때문에 성인이 되기 전 10대 때의 자기 자신을 불신하게 되어 자존감이 약해지고, 결국 상담소를 찾게 만든다.

"너도 형이나 누나처럼 할 수는 없니?"

많은 사람들이 다른 어떤 비교보다도 형제들 사이의 끊임없는 비교 때문에 성인이 되어서도 자존감을 회복하지 못하고 산다.

가족 구성원 중 다른 누구처럼 되라는 기대를 받고 자란 어린이는 커서 자신의 개성과 가치를 개발할 수 없다.

"안 돼. 절대로 허락하지 않겠어."

"안 돼", "절대로"라는 말의 흑마법에 주의하라. 어떤 전능한 권위가 해야 할 일을 알려주고 있다는 인상을 주고 싶을 때 가해자들은 이런 문장을 불쑥 사용하기도 한다.

그러나 옳고 그름을 분명히 말해줄 수 없으면서 마치 그것이 규칙인 양 살아가라는 말은 매우 어리석은 짓이다.

알버트 아인슈타인Albert Einstein은 "위대한 정신을 가진 자는 언제나 평범한 사람들로부터 극심한 반대를 받아왔다."고 말한 바 있다.

자신이 꿈꾸는 위대함을 성취하기 위해 인생의 산맥을 오르려고 한다면, 바로 자기 자신을 처음이자 마지막 조언자로 삼아야 할 것이다. 동시에 모든 사람의 격렬한 반대 의견에는 귀를 자주 기울여야 할 것이다.

사람들은 항상 나를 다른 사람과 비교한다. 그들은 '비교'라는 무기를 통해 나를 조종하고 순응시키려 한다. 그러나 희생되지 않겠다는 나의 태도에는 열정의 자세가 확고하게 들어가 있어야 한다.

당신이 열정의 자세를 취함으로써 남과 비교하여 당신을 지배하려고 하는 가해자들의 노력을 헛되게 만들 수 있기 때문이다.

💡 당신이 의도한 대로 뜻을 이루는 사고의 전략

① 자신의 열정을 보고 화를 내는 사람이 있거든 설명하지 말고 일단 멈춰라. 어떤 사람에게도 당신의 행동을 꼭 설명해야 할 필요는 없음을 먼저 스스로에게 상기시켜라.

그리고 나의 열정은 타인의 기대감을 충족시켜주기 위해서가 아니라 스스로 하고 싶기 때문에 한다는 것을 보여라. 혹시 다른 사람이 당신으로 인해 강요받고 있다는 느낌이 든다고 말했다면 당신은 비합리적인 요구를 하고 있는 것일 수 있다.

② 다른 사람들에게 이해시켜야 할 책임이 있다는 말을 더 이상 자신에게 하지 말라. 그냥 있는 그대로 솔직히 말하

라. 사람들이 "당신을 이해하지 못하겠어."라고 말할 때는 어깨를 으쓱하며 슬쩍 한번 웃어라.

그렇다. 열정은 충분히 오해받을 수 있는 것이다.

③ 내가 이룬 성과를 발표하는 것을 최대한 늦춤으로써 '의도대로 조용히 이루어 나가는 연습'을 하라. 자신의 열정의 성과를 꼭 누군가에게 말해야만 하는지 한 번 더 자문해 보라.

이것은 특히 내가 상대보다 잘했다는 걸 드러내는 내용을 이야기하고자 할 때 도움이 되는 연습이기도 하다. 자신을 승자로 나타내 보여야 한다는 순간적인 충동은 되도록 참고, 자연스럽게 나중에 당신의 열정이 세상에 알려지면 내가 원래 바랐던 인간상은 조용하고도 겸손하게 노력하는 사람이 되고자 했었을 뿐이라고 말해보라.

④ 어떤 사람들의 이야기나 허풍 혹은 무대포로 나서는 행위 때문에 부당한 대우를 받고 있다는 기분이 든다면 양해를 구하고 곧바로 일어나 그 자리를 떠나라.

혼자 잠시 바람을 쐬는 것도 좋다. 어느 정도의 통제력은 인생의 전술로 사용되도록 나를 단련해라. 결국 상대방은 아무 대꾸도 하지 못한 채, 떠나는 당신 모습을 지켜

볼 뿐 이다.

⑤ 나를 밑으로 끌어내리려는 이들의 시도에는 정면으로 맞
서고 이렇게 말하라.

"나를 고통스럽게 하기를 원한다면 완벽하게 하는 게
좋을 겁니다. 그렇지 않으면 나를 보는 평생 동안 그 몇
배의 불쾌함 이상을 내가 약속할 수 있습니다."

적극적인 행동으로 내 생활을 지키려 한다는 것을 다른
사람들에게 확고히 알려라. 자신을 믿고 반대의 요구에
특정한 시간을 소비하지 말라. 단호하면서도 부드럽게 행
동하되 무엇보다 자신의 의사를 꼭 실천하라.

⑥ 다른 사람들이 나에게 어떤 꼬리표를 붙이든 흥분하지 말
고 그것을 당연한 일로 받아들일 줄 알아야 한다.

당신이 괴물이 아니라면 후에 그 꼬리표들은 결국 무용
지물이 되어 사라질 것이다.

⑦ 누군가가 나를 화나게 하거나 기를 꺾으려고 할 때는 꼭
그 사람의 감정을 살펴보는 전략을 사용하라.

당장은 당신을 이해하지 못할 것이니 당신을 실망시켰
다고 흥분하지 마라.

감정 상태를 잘 조절하는 능력을 키우면 그 무엇도 두려워하지 않는다는 것을 보여줄 수 있다.

⑧ 누군가가 무엇을 먹으라고 강요하거나 내가 하는 운동 또는 업무에 회의적인 반응을 보이면 주저하지 말고 단호하게 말하라.

"나로 인해 신경 써서 당신의 기분이 상하지 않았으면 좋겠네요."

그러나 이것이 진심이 아니라면 쓸데없는 말은 하지 말라.

이렇게 하면 결국에는 상대방의 기분이 상하지 않도록 어느 정도 요구는 들어줘야 할 것이다. 그냥 단호히 대응하고 확신을 가져라.

⑨ 다른 사람들이 당신을 좋아하지 않을 경우 기분이 별로 좋지 않을 것이다. 하지만 이런 어리석은 생각을 버려라. 당연히 이 세상에는 나를 좋아하지 않는 사람들이 많이 존재한다.

그러므로 당신을 좋아해주기 원한다 해도 그렇지 않은 상대에게 화내지 말라. 다른 사람과 반드시 감정을 공유해야 할 필요는 없다.

서로 간에 구축되었던 원래의 인간관계를 인정하고 화나는 감정을 함께하는 일에 전혀 영향이 가지 않도록 고수하라.

⑩ 논쟁에 휩싸여 내가 희생될 수도 있다는 생각이 들면 이렇게 말해 보라.

"이제 더 이상 논쟁에 대해 이야기를 하지 않기로 결심했어요. 하시고 싶으면 당신 혼자서 하세요. 서로를 존중하는 자리가 아니라면 나는 참여하지 않겠습니다."

이 일로 자리를 뜨는 한이 있더라도 논쟁을 단호히 거부해야 한다.

MOMENT = PASSION

열정(熱情)은 1987년 과거의 땅에도 2030년 미래의 땅에서도 한 치도 다름없이 필요할 것이다. 또한 어떤 일이 발생하거나 현상이 결정되는 부분에서 결과의 기준치로 관여할 것이다.

'Moment = Passion'이라는 원리 공식이 성립된다.

이미 시작되었고, 우리에게 다가와 있는 제4차시대는 절대로 모두가 만족하거나 모든 사람에게 동일한 이해를 받을 시간들이 아니다.

내가 아닌 누군가의 노력으로 내가 달라질 수 있다고 오판하면 미래에서는 희생자가 될 수밖에 없다.

"시대는 의도대로 조용히 이루어진다."라는 말은 바로 다음과 같은 의미이다.

시대의 흐름을 따라 반드시 핵심을 알고, 자기 자신을 위해 미리 체크하라. 변화에 순응대로 이루어져야 한다.

다른 사람이 아닌 오로지 나를 위해서 세상을 향해 윙크할 수 있어야 하는 것이다. 내가 미래에 어떤 존재인지 온전히 평가 받으려면 나의 과거에서 멀리 떨어진 곳으로 가야 한다.

당신이 이 말의 뜻을 이해한다면 더 이상 불안해할 필요를 느끼지 못할 것이다. 그리고 4차시대에는 더 좋은 삶을 즐길 수도 있을 것이다.

도스토옙스키Dostoevskii는『카라마조프 가의 형제들The Brothers Karamazov』에서 이렇게 썼다.

"인간은 예언자들을 거부하고 그들을 살해한다. 하지만 인간은 결국 자신이 살해한 예언자나 순교자들을 사랑하게 된다."

세상은 미래학자들의 예언 그대로 다가오지 않는다. 결국 미래의 환경이 어찌되었건 당신 그리고 바로 내가 중요하다.

관심 있게 지켜보아야 하지만, 그 미래에 대한 예언 때문에 심리적인 불안이나 걱정들을 할 필요는 없다.

왜 그냥 기다려야만 하는 것인가?

미래도 이 순간처럼 살겠다고 다짐해 보라. 그리고 항상 모든 사람이 부러워하고 원하는 열정역에 나를 정차시키겠다 다짐하라. 선택은 바로 나의 몫이다.

더욱 중요한 것은 당신을 성공으로 이끌어가는 가장 기본 목표가 무엇인지 인식하는 것이다. 다시 일어서겠다, 무엇인가에 기여하거나 또한 무엇이 되겠다는 다양한 목표는 시간 속에서 수립되어야 하고, 그 후 목표에 맞게 나를 어떻게 끌고 갈 것인지에 대해 지대하게 생각해 보는 자세가 당연하다.

혹시 당신의 목표가 미래에 돈을 많이 벌고자 하는 것인가?

돈과 명예는 열정을 변화시키는 또 다른 이유이다. 특히 돈(money)은 다양한 경로로 모든 사람들에게 꼭 필요한 요소로 꿈이면서 목표로 결정될 때가 많다.

당신은 돈을 어떻게 다루고 있는가?

돈은 당신을 파괴할 수도 있지만, 그것을 통해 창의적인 경험을 하여 지식과 지혜를 얻고 세상을 용기로 살아나가게 할 수도 있다.

영국에서 입으로 전해오는 비즈니스 생방송에 관련된 일화를 하나 들려주고자 한다.

영국의 스타트업 젊은 여성 대표에게 영국 지상파 채널4의 토크 쇼 MC가 묻는다. 그는 뇌 의학 전공의이기도 했다.

MC: 요즈음 당신의 가장 큰 목표가 뭐죠?

대표: 올해는 1,000만 달러를 버는 겁니다. 올해 내 인생의 목표는 바로 그거예요. 1,000만 달러 말입니다.

MC: 돈 버는 것은 좋지만 이왕이면 많이 벌어야 좋겠죠. 하지만 당신이 그것을 목표로 세워서는 안 될 것 같다고 얘기하고 싶네요.

대표: 저는 이 회사로 돈을 벌어 성공할 겁니다. 돈을 많이 벌고 싶어요.

MC: 당신이 기업을 일으키겠다는 생각을 제대로 실행하고 싶다면 지금의 돈에 대한 야심은 성공을 방해할 수도 있다는 것을 명심해야 합니다. 돈으로 가치관이 뒤죽박죽이 되는 사람에게는 매력적인 면이 떨어져 이후로 좋은 친구도 떨어지고 실수 연발이 되어 사업을 성공으로 이끌지 못 할 수 있습니다. 더불어 돈을 오히려 아주 많이 잃을 수 있어요. 1,000만 달러를 버는 게 아니라 잃을 수가 있답니다.

대표: 당신이 나에 대해 무엇을 안다고 방송 중에 이런 얘기를 하는 거죠?

MC: 당신은 지금 이 자리에 젊은 여성 기업가 대표로 나와 있는 겁니다. 나는 아무 가치도, 쓸모도 없는 인간이라고 생각하는 것보단 낫겠지만, 당장의 당신의 그런 목표가 인생을 당신보다 오래 산 사람들에게 어리석고 바보 같아 보일까 우려가 되고, 당신을 통해 영향 받을 젊은 도전자들이 걱정이 됩니다.

나는 지금 당신에게 어떤 말이라도 해주고 싶습니다. 젊음이 있을 때 돈에 시달려 인생을 즐기지 못하면 후에 자신을 더 해칠 뿐입니다. 계획을 한번 다시 세워보면 어떨까요?

대표는 한동안 아무 말도 하지 않고 가만히 듣기만 했다.

이 여성 대표는 캐런 브래들리Karen Bradley로 정확히 17년 뒤 영국의 문화미디어스포츠부의 장관이 되었다.

그녀가 방한했을 때, 한국의 많은 대학생들 앞에서 성공과 돈의 연관성을 이야기하기 위해 영국 방송계에 웃지 못할 해프닝으로 남아 있기도 한 오래된 이 일화를 전했다. 자신의 인생을 송두리째 바꿔놓은 사건으로도 소개했다.

그때는 진행자의 한 마디, 한 마디가 당황스럽고 자신을 조롱하는 것 같아 생방송 도중 크게 화를 내게 되었다고 했다.

하지만 그 후에 날카롭게 직언을 해 주었던 그 의사 출신 MC를 평생 멘토로 모시기로 결정했고, 그래서 자신이 지금 당당히 이 자리에 서 있을 수 있는 것 같다고 담담히 말을 이어나갔다.

물론 그녀는 솔직하게 지금도 경제적으로 더 잘 살고 싶은 바람은 여전하지만, 보다 더 큰 목표를 세웠다고 한다. 힘겨운 시간을 보내고 있는 사람들에게 인생의 폭을 넓혀줄 영향 있는 '열정가로 남는 것', 이것이 바로 그녀의 제2의 목표라 전했다.

열정은 차이를 만든다는 것을 믿도록 내게 생각을 심어주었고, 나를 평생 자극하는 위대한 깨달음을 준 이야기다.

열정은 너무도 많은 사람들의 삶 속에서 커다란 차이를 만들고 있기 때문에 지면이 허락하는 한 조금 더 이야기를 소개하고자 한다.

우리가 너무나 잘 알고 있는 이야기지만 발명왕으로 불리는 에디슨Edison은 백열등을 발명하기 위해 셀 수도 없이 많은 실수를 하고 난 뒤에 이런 말을 했다고 한다.

"이제야 성공하지 않는 5,000가지 방법을 알았을 뿐이다."

마침내 성공했을 때 그는 또 이렇게 말했다고 한다.

"그 성공을 통해 배운 지식을 바탕으로 또 다른 놀라움을 만드는 일에 몰두하고 싶다.”

1892년 에디슨의 열정은 발명가 수준을 넘어 직원 수가 30만 명이 넘는 회사 제너럴일렉트릭(GE)을 세울 수 있게 했다. 잭 웰치 같은 세계적 경영인을 배출시켰으며, 오늘날까지 현존하는 다우지수에 남아 있는 유일한 글로벌 기업을 탄생시키는 차이까지 만들어 주었다.

그렇다.

훌륭한 패배자는 의미가 있다. 일의 결과를 좋은 쪽으로 향하게 만들어주는 강력한 자극제이며 패배를 통해 배워야 승리를 향한 열정을 키울 수 있고, 이후 결과의 차이까지 만들어낼 수 있는 것이다.

열정의 "하면 된다."

누구나 한번쯤은 “하면 된다.”라는 명언을 들어본 적이 있을 것이다.

이 말을 모르는 사람은 아마 드물 것이다. 방송, 영화, 도서 등 이 말은 장르의 구분 없이 다양한 곳, 다양한 매체에서 인생의 철학인 것처럼 표현되고 있다.

열정을 이야기하면서 나 역시 이 문장을 빼먹을 수는 없을 것 같다.

나는 세계를 다니며 긍정적으로 생각하고, 열정을 실천하는 사람들을 만났다. 또 그들이 좋아했던 장소에도 많이 가 보았다.

그 중 내 기억 속에 가장 인상적으로 남아 있는 장소가 있어 소개해 보고자 한다.

최고의 열정이 느껴지는 장소를 꼽으라면 사상가와 열정가의 본거지라 말하는 영국이나 미국이 있겠지만, 그곳에서 만난 열정가들이 소개한 역사적인 곳이 많다.

내가 말하고자 하는 장소는 업무상 방문했던 아라비아만 연안의 사막 도시 두바이이다.

세계 역사를 통틀어 사막 한가운데 그처럼 열정이 만개한 곳은 없을 것 같다. 평균 기온 40도가 넘는 뜨겁고 척박한 땅, 그 위에 아무도 기대하지 못한 일을 바로 대한민국 기업의 젊은 전문가들이 모여 열정을 꽃피웠다.

2009년 10월 사막이라는 황무지에 세계 최고 높이의 빌딩인 부르즈 할리파Burj Khalifa가 완공되었다.

부르즈 할리파는 지상층에서 최고층까지 초고속 엘리베이터로 약 1분이 채 안 걸리는 짧은 시간에 올라갈 수 있으며 현재까지 완성된 세계의 마천루 중에서 가장 높은 보기 드문 인공 구조물이다. 어둠 속에서 펼쳐지는 화려함의 상징인 인공 호수 분수 쇼도 그 물줄기가 무려 150m로 역시 세계에서 가장 높게 물줄기가 올라가는 것으로도 유명하다.

영화 〈미션 임파서블 4〉에서 탐 크루즈가 대역 없이 외벽을 오르는 액션으로 세간에 알려져 더욱 주목을 받았다.

부르즈 할리파는 한 폭의 사진에 다 담아내기도 쉽지 않았다. 빌딩의 442m에 위치한 124층의 전망대는 말 그대로 환상적, 그 자체였다.

거의 불가능할 것 같았던 일을, 그것도 우리 대한민국의 열정가들의 기술이 더해져 만들어졌다고 들었을 때는 벅찬 놀라움과 왠지 모를 애국심이 생겨 더더욱 자랑스러웠다. 얼마나 고생을 했을지, 사막 한가운데 미지의 성처럼 우뚝 솟아 있는 빌딩을 보면서 공사 참여자들의 열정을 함께 느낄 수가 있었다.

그곳의 웅장함과 신비함에 끌려 최근 시간을 내어 나를 위한 혼자만의 여행으로 한 번 더 찾아가기도 했다.

이 책을 읽는 독자들, 젊음을 가진 당신에게 꼭 한 번쯤 부르즈 할리파에 가보고, 그 열정을 경험해 보라고 적극 추천해 주고 싶다.

만일 당신이 희박한 확률과 장애물 때문에 무언가를 할 수

없다는 어리석은 생각을 지금도 하고 있다면, 시간을 내어 열정의 놀라운 힘을 키워주는 곳을 찾아 한 번쯤 떠나 보기를 권하고 싶다.

여행은 더 나은 상황들을 만들어 낸다. 불안한 세상을 이겨낼 정신과 힘을 만들어 주며, 평범한 생활에 지루함을 느끼거나, 최근 실패로 인해 좌절했을 때 희망을 잃어버리지 않게 해주는데도 도움을 준다.

지금 현실에 서 있고, 그 사실을 받아들이는 것 외에 내가 할 수 있는 일은 아무것도 없다는 것을 느꼈을 때 떠나는 여행은 두려운 현실에 대한 자각과 해답을 제시해 줄 열정들이 견고한 믿음으로 바뀌게 해 준다.

"하면 된다."는 말은 그러나 현실에서는 무작정 하게 되면 당신을 패배하게 할 가능성도 내포하고 있다. 그러나 해답 없는 문제란 없기 때문에 약간 돌아가거나, 새로운 모양으로 짜깁거나, 전략을 수정해 보아야 한다.

나는 이 시대의 동료, 후배들에게 꼭 현실에 맞추어 더불어 살고, 그것을 효과적으로 나를 위해 이용하라 조언하고 싶다.

이것이 현실의 "하면 된다."라는 마법을 경험해 본 사람으로서 지금까지 사용되지 않고 숨어 있던 당신의 잠재 능력을 끄집어내 줄 힘이기도 하다.

그러면 열정의 "하면 된다."의 다음 방법을 시도하고 결과를 확인하기 바란다.

첫째, 현실이다! 허둥대지 마라. 침착하라. 차가운 머리를 사용하라. 당신이 지닌 모든 지력이 지금 필요하다.

둘째, 문제에 압도당하지 마라. 너무 문제를 심각하고 극적으로만 대하지 마라. 확신을 갖고 자신에게 먼저 구하라.

셋째, 혼란을 정리하고 줄여라. 문제는 점점 더 나를 혼란에 휩싸이게 한다. 종이와 연필을 가져와 문제의 세부 내용을 적기 시작해라.

넷째, 평가는 건너뛰어라. 행하는 과정 중에 스스로 이렇게 말하면 안 된다. "왜 그렇게 했을까?", "이렇게 하는 게 맞는 걸까?" 의심하지 말고, 지금 문제를 있는 그대로 받아들여라.

다섯째, 문제 전체를 위한 해법이 아니라 다음 단계를 위한 해법을 찾아라. 한 단계는 다음 단계로, 그래야 순리의 완벽한 해법으로 이어진다. 따라서 다음 단계를 다루는 것에 만족하라.

여섯째, 적극적으로 창조하고 사고하라.

내 친구는 힘든 문제가 생기면 개를 데리고 조용한 숲 속으로 들어간다. 그는 덤불에 앉아 자신을 올려다보며 엎드려 있는 개에게 큰 소리로 문제를 설명한다. 그러면 어느 순간 대답이 들려온다고 한다. 그는 자기 개가 사람들보다 더 생각이 깊다고 말한다.

처음 들었을 때 이것이 이상하다는 생각이 들었지만, 자신의 사고를 개를 통해 창조하는 것과 같음을 후에 깨달았다. 머리에 붙은 귀가 아니라 내면의 귀에서 들려오는 소리를 통해 해답을 얻은 것으로 자신의 개와 함께 힘든 문제를 풀었던 것이다.

물론 일부러 이를 따라하는 연습을 하기 위해 굳이 자신의 개를 데리고 숲으로 들어갈 필요는 없다.

일곱째, 주어진 상황에서 어떻게 행동하는 것이 가장 옳은지 자신에게 스스로 물어보라. 자신이 하는 일이 옳지 않다고 느껴지면 분명히 그 일은 잘못된 것이다.

여덟째, 배운 열정을 유지하라. 열정은 기적을 만들어낸다.

유난히 견디기 힘든 시련과 문제는 늘 만나기 마련이라고 가정해 보자. 당신은 열정을 실행에 옮길 것인가? 그렇다면 어떤 방법으로 할 것인가?

"하면 된다."는 열정은 이런 상황에서 유감없이 역량을 발휘하며, 중요한 차이와 결과를 가져다 줄 것이다. 특히 고난 속에서 왕성한 힘을 보여줄 때가 많다.

인생은 너무 힘들기만 한 것이라고 믿는 사람들이 있다. 그들은 순진하게도 자신의 인생이 고통 받지 않는 세상에 있기를 꿈꾸고 계획하며 준비한다.

그러나 인생에 힘듦과 갈등이 없다면 더 나은 내가 어떻게

만들어질 수 있을까를 생각해 보라.

　미래의 시련들 속에서 나는 어떻게 둥글고 성숙하며 강해질 수 있을까?

　'熱情'은 차이를 만든다.

　미래에 펼쳐질 사실 앞에 열정으로 결정해 나가길 바란다.

　할리우드 공상과학 영화에서나 볼 수 있었던 하늘을 나는 자동차를 실제로 탈 수 있는 서비스가 이제 몇 년 후 우리 눈앞에 펼쳐질 것이다.

　하늘을 나는 자동차는 현재 세상에 없는 새로운 개념의 상품이다. 향후에는 비행기와는 또 다른 제2의 융합형 기술을 활용해 오래 전부터 상상으로만 여겨왔던 우리의 머릿속 자동차의 이미지와는 완전히 다르게 각인될 것이다.

2017년 4월, 「뉴욕타임즈(NYT)」는 최고 속도가 도로에서는 160km/h, 공중에서는 360km/h이며, 한 번의 급유로 도로에서는 500km~700km, 공중에서는 750km~1500km의 거리를 이동할 수 있는 미래의 자동차 플라잉 카에 관한 기획 기사를 발표했다.

지상은 물론이고 공중에서도 어마어마하게 빠른 이 미래의 자동차 플라잉 카는 지상 자동차 모드에서 비행기 모드로 전환하는 데 걸리는 시간이 3분밖에 되지 않는다고 한다.

비행 중 엔진 고장이나 연료 부족 상황이 발생해도 안전성을 염두에 두어 지상에 안전히 착륙할 수 있도록 자동 낙하산 기술이 장착되어 있다.

구글의 창업자 래리 페이지Larry Page는 미국의 언론과 인터뷰에서 최근 투자한 스타트업 비행 자동차 제작 업체 키티호크에서 2000년 초반부터 하늘을 나는 자동차, 플라이어(FLYER)의 연구 개발을 해왔으며, 최근 프로토 타입* 상품화에 앞서 성능을 검증하기 위해 핵심 기능만 넣어 만든 기본 모델이 이번 시험 비행에 성공했다고 발표했다.

래리 페이지뿐만은 아니다. 세계 최대의 차량 공유 업체 우버를 포함해 10여 곳에 이르는 업체들이 개발에 착수했다. 우

하늘을 나는 자동차는
현재 세상에 없는
새로운 개념의 상품이다.

버는 25일 미국의 댈러스에서 열린 컨퍼런스에서 공중 부양 차량에 대한 계획을 발표했다. 하늘을 날아다니는 차와 네트워크에 관한 설계를 담은 〈우버 엘리베이트 플랜〉을 내놓은데 이어 추가 플라잉 카 개발에도 심혈을 기울이고 있다고 밝혔다.

두바이 정부도 이미 17년 2월, 세계 최초의 1인용 무인 항공기 드론 택시의 시험 비행을 마친 상태로 알려졌다. 택시에 탄 승객이 태블릿 PC로 원하는 목적지를 입력하면 자율 주행 서비스가 원하는 곳까지 데려다주는 시스템 방식이다.

이처럼 미래의 차세대 교통수단인 플라잉 카는 세계적인 항공 회사, 차량 제조 기업, 군, 유수의 대학 등에서 여러 유형의 기술들이 더해져 빠른 속도로 눈부신 결과를 만들어 내고 있다.

한 가지 아쉬운 것은 하늘을 나는 자동차 개발과 관련, 우리나라의 국내 개발 기술이 아직은 걸음마 단계라는 것이다.

2010년부터 최근까지 매년 경상남도에서 국제 미래 자동차 경연 대회를 통해 하늘과 땅을 달리는 카-드론 컨퍼런스가 개최되었지만, 세계의 동향처럼 실생활 적용 기술 개발에 관한 논의로는 아직 발전되지 않고 있다.

그러나 우리나라도 플라잉 카를 통해 하늘을 날아 출근하는 현실이 멀지 않을 것임을 믿는다.

PASSION

제7장

4번째
위기의 시대,
스스로 결정하라

열정이란
우리들 각자가
자신의 주인이 될 때만 생겨난다.

쇠락하지 않는 미래 복지의 해법을 세워라

나는 청년기의 과거 속 문제들과 지금 만연해 있는 새롭고 혼란스러운 현실의 문제들을 관련지어 미래에 대비한 해법을 찾는 것이 중요하다고 생각한다.

우리 앞에 펼쳐질 미래는 어떤 모습일 것인가?

확신할 수 있는 것은 당분간 경기 하강은 피할 수 없다는 점과 이 경기 하강이 인류 사회에 더 나은 결정과 구조 개혁을 불러올 것이라는 점이다.

모든 위대한 결정과 행동은 실질적인 위기 속에서 각계각층의 사람들이 현실과 진리를 똑바로 대면할 때 이루어져 왔다. 2020년부터 2025년 사이, 길게는 2030년 초반까지 이러한 위기들이 도래할 것이란 점에서는 세계의 어느 전문가들도 대부분 의심의 여지가 없다고 말한다. 이러한 위기들은 1990년대와 2000년대 불황과 위기를 경험하게 했던 경제공황 상태로 세계를 다시 회귀시키며, 어려운 상황으로 치닫는 분위기를 생성할 수 있다. 미래의 어느 나라도 쉽게 피해갈 수 없을 것이고, 과거의 어려웠던 수백 년 전과 비교해 그 성장률이 더욱 둔화될 가능성이 높다.

그렇다면 우리나라는 이러한 미래의 위기 속에서 더 큰 혁신을 이루기 위해 어떻게 준비하면서 나아가야 하는 것인가? 분야별 구체적으로 이야기해보고자 한다.

현재 62세에서 65세 사이인 퇴직 연령 시점을 뒤로 늦춰주어 근로 기간을 확대해 생산성을 높이는 효율적인 노동 정책이 필요하다. 이렇게 함으로써 충분히 일할 수 있는 연령대의 고령화 일자리 문제가 완화되고 동시에 새로운 산업 현장들을 개척할 수 있게 된다. 긴급해질 미래의 변화와 다가올 위기에 대해 사전에 국가적으로 현실에 맞추는 조금 더 분명하고 발 빠른 조정안도 요구된다.

지금의 30~40대에게 미래의 우리 국가에서 지급해 줄 수 있는 큰 보상 체계란 무엇이 있겠는가?

이들은 미래가 되면 자녀 양육의 의무가 끝나고, 더 이상은 타인에게 일부러 섹시해 보일 필요가 없어질 것이다. 따라서 시대의 변혁 정착기에서 진정으로 내가 누구이고 내 인생에서 가장 하고 싶었던 일이 결국 무엇이었는지 다시 한 번 깨닫고 받아들일 수 있는 제2의 열정 발휘 기회를 국가에서 만들어 주는 것이 충분한 보상이 될 수 있으리라 생각한다.

이미 고령화 사회가 형성된 일부 다른 국가에서도 살펴볼 수 있듯이 신체적인 활력은 떨어졌더라도 장년과 노년층들의 인생 최고의 결정들이 현실에서 실현될 수 있게 도와주어야 한다. 자신들의 열정을 스스로 유지할 수 있도록 국가에서 복지와 기타 사회정책과 같은 제도적인 뒷받침을 추가적으로 해주어야 한다. 그때 비로소 미래의 우리 인류는 노년의 시기를 진정으로 즐겁고 아름답게 보내는 기쁨을 얻을 수 있을 것이다.

노년기는 더 이상 누군가에게 보이기 위한 연극을 할 필요가 없는 시기이다. 자기 자신이 아닌 다른 누군가를 위해 무엇인가 되어줄 필요가 없기 때문에 노년층을 대상으로 한 사회적 장치들을 준비해 우선적으로 시행되는 것이 무엇보다 중요하다.

그러면 2차 산업혁명 이후 가장 거대한 정치적, 사회적, 조직적 혁명을 촉발시키게 될 '제4차시대'에, 인류가 꼭 지켜야 할 위기의 요소를 한 번 더 정리해 말해 보고자 한다.

① 매우 도전적인 4차시대를 위협으로 보지 말고 유례없던 지난 호황과 버블에서 얻은 자산과 수익을 보존하는 시대적 흐름의 기회로 만들어야 한다.

이번 4차시대에서 개인과 국가는 부동산처럼 과도하게 가격이 높아졌다 무너지는 자산들과 이에 따른 값 비싼 부채, 필요 이상으로 유지되고 있는 높은 물가를 정리해 우리 후손들의 미래 사회의 삶이 윤택하게 재조정되도록 새로운 번영의 토대의 시기로 만들어 주어야 한다.

현실의 우리는 지금 당장의 수확을 꿈꾸지 말고 대비해 다가오는 봄을 위해 씨를 뿌려 나가야 한다. 그래야 앞으로 젊은 후손들에게 수년에서 수십 년간은 더 높은 이익을 볼 수 있는 미래의 안정적 요소들을 물려줄 수 있게 될 것이다.

② 수많은 국가에서 누적되어 온 지난 환경위기를 외면하지 마라.

환경오염은 지난 250여 년 이상 유례없는 기술적 퇴보와 위기의 결과들을 초래했다. 그간의 과잉을 반성하고, 환경을 조화롭고 적절하게 개선시켜 녹색의 지속 가능한 미래의 성장국가들을 이룰 수 있도록 새로운 미래 환경 개선 기술과 방법들이 개발될 기회의 시간으로 제4시대를 만들어야 한다.

③ 점점 늘어나고 있는 정치적, 민족적 분쟁과 경제적 위협을 그저 대처하기 어려운 문제로 여기고 생각하지 마라.

　이러한 갈등과 위협은 우리의 의식을 오히려 드높이거나 그간 쌓아온 많은 편견을 버리게 해줄 수도 있다 판단하라. 이러한 인식을 통해서만이 올바른 사회 시민 의식, 문화, 산업 구조가 확립될 것이다. 그럼으로써 더 넓고 커진 글로벌 경제 구축을 위해 점점 고도화가 되어가고 있는 선진국들과 지속적인 성장을 일궈내고 있는 젊은 신흥국 모두와 상생 협력하는 미래의 요소들을 만들어 나갈 수 있을 것이다.

④ 열망과 열정을 수반한 미래의 도전들은 인류가 추구해 온 더 큰 자유와 더 견고한 안전, 더 높은 생활수준으로 가속화될 수 있는 기회가 되어 줄 것이다.

　우리는 새로운 시대, 변화되어야 할 성장 비즈니스 모델들이 분명히 등장했음에도 지난 수년간 불황을 탓하며 미래의 개혁을 늦췄다.

미래에 당장 닥칠 위기가 있다면, 그것은 바로 과거의 낡은 체제의 경영 모델과 노후한 근로 형태를 빨리 폐기하지 못해 생긴 균열이 누적되면서 인과적으로 발생된 것이며, 제4차 산업시대에 위험한 영향을 끼칠 것이다.

⑤ 미래전문가, 경영자들, 정치가들이 주장하는 변화될 정보기술 및 네트워크 논리 원칙들을 찾아서 이해하라.

이러한 원칙들은 당신을 더 자유롭고 더 미래지향적인 인재로 바뀔 수 있게 해 줄 것이다.

위로부터의 명령이 아닌 아래로부터의 자발성과 나를 중심으로 하는 '열정'이 기본적으로 만들어져야 한다. 생활에 맞춤화된 제품들의 탄생과 미래 사회의 개인화된 서비스를 바탕으로 사람을 더욱 중시하고 인간의 공헌을 높이 사는 조직으로 변모될 때, 결과적으로 우리 모두가 원하는 것들이 새로 이루어지게 되는 것이다.

⑥ 다가올 위기에 수동적으로 반응하지 말아야 하며, 적극적이고 선제적으로 대처하라.

다른 사람들이나 주어진 환경만을 탓하지 마라. 버블경제와 다양한 위기 상황에서 나의 역할이 무엇인지 돌아보라. 내가 대접받고 싶은 대로 남을 대접하고, 비판받지 않기 위해서는 남을 먼저 비판하지 말아야 한다.

자신의 생존과 번영에만 급급해 하지 말고 다른 사람들을 도와주며 살아라. 남을 돕는 것을 개인적인 비전으로 여기며 회사 안에서든 밖에서든 자발적으로 진행하는 또 하나의 자기 중점 사업이라 생각하라. 반드시 지금 준비하고 최선을 다하라.

⑦ 마지막 한 가지는 복지의 가치를 평가할 수 있는 기술을 익히라는 것이다. 미래 삶의 기준을 스스로 평가할 줄 알고 가치를 얻어내는 진리의 과정을 말하는 것이다.

우리는 짧은 주기에 따른 인구의 구조적인 추세에 따라 40년과 80년 주기로 삶의 질을 분석해 왔다. 하지만 이러한 주기들이 지배적으로 부각될 수 있었던 것은 다름 아닌 기술과 국가 혁신의 결과에 앞서 모든 사람들이 크게 풍족해질 수 있도록 경제, 정치, 사회, 안보, 교육 등 지난 세기 동안 살아가는 우리의 희망을 받쳐 주었던 '복지'라는 기준의 척도가 있었기 때문이었다.

주기에 따른 복지의 변화들은 때론 합리적으로 보이기도 하지만, 때로는 비합리적으로 지속될 때가 많았다.

변화의 시대에 인류가 발전적으로 앞서가게 보일 수 있는 유일한 방법은 국가와 개인이 하나로 뜻을 세운 '복지

창조'인 것이다. 그것을 뭐라 부르든 간에 편안해질 삶의 진화와 관련된 모든 연구들이 함께 스며들어간 미래 대응 전략안도 함께 만들어져야 한다.

미래를 이겨나갈 '열정'이 이유 없이 생기지는 않을 것이다. 각각의 국가 안에는 고유한 문화의 논리와 구조가 존재한다. 그 과정을 전적으로 이해하든 못하든 높은 수준의 진화, 더 큰 자유, 더 향상된 생활수준과 의식수준으로 펼쳐 나가는 것을 목적으로 발전시켜야 한다.

우리가 가장 중요하게 여기는 국가의 원칙들 중에서 무엇보다도 '개인, 가정의 삶'이 제대로 평가되었을 때 시대는 가장 크게 발전해 나갔다.

한 부분만으로 미래의 전체가 올바르게 평가되고 이해될 수는 없다. 모든 삶의 창조란 성공과 실패 속에서 지속적인 성장으로 학습되어 왔을 뿐이다.

과거의 성공 원칙들은 잊어야 한다. 시의적절하게 우리 자신과 우리 내부의 많은 원칙들, 기관들은 미래의 관점으로 재설계되어야 할 것이다.

궁극적인 진리는 실패할 때 더 많이 배운다는 것이고, 이것들이 곧 미래에 펼쳐질 이상적 복지로 이어지는 묘미를 보여 줄 수 있는 것이다. 절망하거나 실망할 필요는 없다.

이러한 과정들이 증진적으로 선행되어야 아직 상상이 안 되는 다음 '황금시대'도 생겨나고 경험할 수 있다.

우리는 앞으로 다가오는 20년 후 사상 유례없는 위대한 미래의 성공을 만들어 낼 원칙들을 준비하면 된다. 그렇기에 역사상 가장 독특한 시기 중의 한 세기가 바로 지금이라 할 수 있다.

지금 우리가 서 있는 주기의 위치상 향후 수년에서 수십 년간은 더욱 치열한 도전적 시기가 될 것이다. 따라서 앞으로 나아가기 위해서는 지금 2017년, 모든 것을 하나씩 제대로 검토하여 준비해 나가야 한다.

 **미래 사회의
가치 변화를 위한 키워드 '복지'**

2017년 한국에 사는 24살 김현주 씨는 이제 대학교 4학년이다.

아버지는 40대 후반에, 다니던 은행권에서 명예 퇴직한 뒤 고민 끝에 프랜차이즈 치킨 가게를 차렸다. 그래도 열심히 살면 자식을 결혼시키고 노후 준비도 함께 할 수 있을 것이라는 희망을 가졌지만 그것은 이내 곧 깨져버렸다. 은행 이자와 몇 가지 비용을 제하고 나면 한 달에 손에 쥘 수 있는 돈은 고작 200만 원이 채 되지 않았다.

아이 학비는 고사하고 생활을 유지하기도 빠듯한 수준이다. 아버지를 돕던 어머니는 이제 야간에 식당 일을 나간다. 한 달에 80만 원 정도 번다. 은행권 출신으로 중산층이라는 자부심을 갖고 살아왔던 가족이었지만, 순식간에 하루하루의 생계를 걱정하는 신세로 전락하게 되어버렸다.

현주 씨도 2학기 째 휴학 중이다. 낮에는 학비를 마련하느라 아르바이트를 하고, 밤에는 새벽 1시까지 가게 일을 돕는다. 설상가상으로 최근에는 조류독감 때문에 매출이 40% 이상 줄어들어 빚까지 계속 늘어나고 있다.

온 가족이 일을 하는데도 현주 씨 가족은 곧 집을 팔고 서울을 떠나야 한다. 은행 이자를 감당하며 생활을 계속하기 어렵기 때문이다.

여기 28살의 전라도 광주에서 태어난 청년 남성이 있다. 어린 나이부터 대학이라는 굴레에 갇혀 서울로 대학을 가기 위해 11살 때부터 부모와 떨어져 살아야 했던 수많은 젊은이들의 현실과 비슷하게 살았다.

그는 노력 끝에 실제로 서울에 있는 대학에 들어갔음에도 가족들과는 여전히 떨어져 지내며 대학등록금과 취업이라는 굴레를 계속 안고 살아가고 있다. 취업을 앞두고는 현실적으로 빽이 없어 취업도 어렵고 대학총장부터 학장, 교수까지 줄줄이 부정에 연루되는 세상을 보며 탄식하고 있다.

그는 열심히 산다는 게 무슨 의미인지도, 공정한 삶의 행복이 무엇인지 모르는 혼란만을 안고 오늘도 이 시대를 살아가고 있다.

위의 사례는 조선일보에 게재된 논평 기사를 읽고 정리한 내용들이다.

두 가지 이야기는 짓밟힌 '공정'의 세상에서 불행한 우리의 현실을 보여주는 단면일 것이다. 소위 빽이 실력을 짓밟는 사회, 행복의 가치 실현의 목적과 수단은 깜깜한 우리 사회와 세상의 적폐(積弊)를 보여주는 사례이기도 하다.

미래 사회에 대한 나와 당신의 늘 한결 같은 요구는 공정하고 행복한 사회를 만들어가자는 것이다. 현재 우리 사회의 모든 분야에서, 부패기득권 세력들이 쌓아 올린 불공정의 거대한 탑을 무너뜨리고, 함께 행복하게 살아갈 수 있는 시대로 바꾸자는 나와 당신의 공정한 바람이며 우리가 바라는 지속 가능한 '세상'이다. 이 지경이 됐는데도 국가 최고 통치자는 물론이며 단 한 명의 책임지는 사람이 없다는 것이 너무나 답답하고 속상한 상황이 우리가 속한 현실이었다.

어려울 때일수록 기본으로 돌아가야 한다는 원칙은 지켜져야 한다. 무너진 공정, 자유, 책임의 가치가 올바르게 바로 세워져야 잘못된 구체제를 청산할 수 있고, 함께 미래로 나아갈 수 있으며 올바른 가치의 사회가 이루어진다고 볼 수 있을 것이다.

결과적으로 미래를 대비한다는 것은 진정한 가치의 실현이 잘 되며 저마다 행복을 꿈꿀 수 있는 현실이 있어야 한다는 것이다. 그것은 우리의 가치를 실현시켜 줄 올바른 혁명적 '복지 정책'이 만들어져 바로 설 때 가능하다.

수수께끼와 같은 제4차시대는 이미 우리 곁에 와 있다. 이번 4차 혁명은 그 범위와 속도를 전혀 예상치 못할 정도로 우리의 삶을 완전히 바꿔놓을 것이며, 1, 2, 3차 혁명과는 그 성격이 근본적으로 다르다.

한 분야의 기술 즉 1차 혁명의 증기기관, 2차 혁명의 전기 그리고 3차 혁명의 IT 기술로 인해 순차적인 산업의 발전이 봉기되었다면, 4차 산업혁명은 여러 가지 첨단 기술이 복잡하게 얽히는 '융합의 혁명'으로 역순환과 파괴적 경제 현상을 동반하며 진행된다.

여러 분야의 첨단 기술들이 한꺼번에 발전하고 융합되어

너무나 많은 분야에서 동시적으로 일어난다. 사물인터넷, 빅데이터, 로봇, 인공지능 같은 하이테크 과학 기술들이 그 예라고 할 수 있다. 그것들이 다시 집약되어 미래 사회 생태계는 지금과는 완전히 체제가 변하고 달라질 것이다. 산업 기준의 경계까지도 하드웨어와 소프트웨어의 경계, IT기술과 생명공학기술 간의 경계, 기술과 디자인 간의 경계 등을 한꺼번에 조용하고 완전히 변화시키며 심지어는 사라지게 만드는 것이기 때문이다.

미래 트렌드 혁신을 통해 기업은 적극적으로 협업하거나 합쳐지고 농, 수, 축산업도 정보화와 생명공학기술이 접목되어 지금과는 다른 식품 산업과 미래생명 산업으로 거듭나게 될 것이다. 일자리는 급변하여 기존의 노동력 일자리들은 저절로 사라지는 동시에, 여러 가지 새로운 일자리들이 세상을 채워가고 바꾸며 진화의 바람을 계속 만들어 갈 것이다.

이것은 인공지능과 로봇의 발전에 따른 제조업뿐만 아니라 전문직 고급 인력의 일자리까지에도 영향을 미쳐 그만큼 인간의 설 자리가 기계에 밀려 양적으로 줄어들 수밖에 없게 됨을 뜻하기도 한다.

더불어 오랜 시간과 투자가 필요한 지식정보 산업과 관련된 일자리들은 다양하게 늘어 그것이 커다란 위협이면서도, 양질의 인력이 많은 국가에게는 또 새로운 기회의 세상으로 탈바꿈할 것이다.

　내가 강조하고 싶은 점은 4차시대는 바로 지금처럼 계산력과 고정화된 논리에 따라 결정되는 세상이 아니라 심리학적으로 인간의 '열정 기반'이 원칙화되어야 한다는 것이다. 그럼으로써 '새로운 창조'도 만들어질 수 있고, 이와 같은 정신적 관심들이 기본화되어야만 새로운 시도들이 자율적으로 행해질 수 있는 '신 도약의 시대'가 도래한다는 것이다.

　'열정'이 있어야 도전해 볼 수 있고 한 발 앞서 나갈 수 있는 세상이라는 뜻이기도 하다. 미래는 혁명을 통해 안정적인 복지 기반들이 구축되어 공정한 사회로 거듭나 앞세워 나아가야 한다. 또한 사람이 중시되는 교육 혁명을 통한 인재 양성, 과학기술 혁명을 통한 기반 기술 확보, 공정한 경쟁이 가능한 산업 구조 개혁뿐만 아니라 다양한 지식 기반의 축적, 지식재산권 보호, 표준화 등이 성립되는 사회로 되어야 한다. 이러한 것들이 바로 4차시대를 맞이하며 생기는 직접적이고 근본적인 문제들로 우리가 빠르게 대처를 준비해야 할 과제이자 또 한편으론 시급한 구조적 문제이다.

　더 구체적으로 이 부분을 정리해 보자.

　우선적으로 4차시대에서 준비되어야 할 핵심은 참된 인간을 만드는 통합적 사고의 혁명 즉 '교육' 복지의 변화이다.

다가올 미래에서 교육 분야의 혁명적 대변화는 새로운 기회의 땅을 개척하고, 세계의 어느 나라들보다 앞서서 미래 먹거리, 미래 일자리를 찾아내 만들어 가는 가치가 그 기반에 있어야 한다.

지금까지 교육 혁명의 방향은 세상이 바뀌고 정권이 바뀔 때마다 상징적으로만 변해, 근본적인 해결은 없이 그저 무수한 이론들을 베껴 학교의 자율성을 빼앗고 창의 교육을 막는 것에 그쳤다.

미래의 교육 복지는 앞으로 현재 국가교육위원회에서 학생, 교사, 학부모, 정치권 등 관련된 모든 이들이 참여해 매년 향후 10년 계획을 함께 합의해 만들어 나가야 한다.

나라의 정권이 바뀌더라도 교육 정책의 일관성은 유지될 수 있어야 한다. 올바른 교육을 위해 이것은 매우 중요한 문제이며 절대적인 원칙으로 결정되어야 하는 것이다.

교육부는 국가교육위원회에서 결정한 정책을 충실하게 지원해 주어야 하며, 이를 기본으로 유아, 초등, 중등, 고등의 공교육 및 대학 교육까지 전문적이고 창의적인 교육으로 전환되어야 한다. 평생교육은 대폭 더 강화되어서 중장년층에 대한 미래 시대의 인생 설계 교육을 국가에서 함께 책임지고 지원을 해 나가야 한다.

4차 혁명 시대는 창의 교육을 기본으로 삼아 대학 입시로 왜곡된 입시 중심 교육을 근절시키는 것이 주목적이 되어야 하며, 사교육을 혁명적으로 줄여나가는 정책으로 나아가야 하는 것이 꼭 필요하다.

미래의 4시대에서는 국가적 차원에서 시행되는 학제 개편안이 꼭 필요할 것으로 생각된다.

세계적인 교육의 변화를 기준으로 교육 복지의 나아갈 방향을 구체적으로 적어보면 다음과 같다.

부모의 사회적 활동을 적극 고려해주고, 만 2~3살에는 어느 가정이나 동일한 조건으로 국가에서 세운 공립 유치원에 입학이 가능하게 한다. 초등학교에 입학하기 전 최소 2~3년 동안은 보육과 유아 교육의 혜택을 받을 수 있게 하며, 그 비용은 모두 국가가 의무적으로 지불하게 하는 것이다.

만 5살이 된 아이는 초등학교에 들어가 5년을 보내며 유치원 1년과 초등학교 4년을 합친 기간을 적용받고, 학교에서 기초적 자질 함양과 자아의 실현을 위한 기초 능력을 순차적으로 함양해 나간다. 더불어 인성, 창의력, 독서, 자기주도력, 주위 사람들과 협력하는 협응 능력, 직업교육, 실패로부터 나를 이기는 '열정의 역량' 배양 학습까지 함께 해 주어야 한다.

초등학교를 졸업한 아이는 만 10살에 중학교에 들어가 5년을 보내면서 과거의 초등 5, 6년과 중학교 3년을 합친 기간 동안 학생으로서의 자질 및 교육적 완성과 자아의 성장을 통한 심화된 교육 과정이 이수될 수 있어야 한다.

과도기에서 미래의 자신의 삶을 위한 선택의 기회를 어떻게 넓혀갈지 고민해보고, 자신의 가능성과 재능을 스스로 선택하여 발견해 나갈 수 있게 하는 것으로 완성되는 '혁명적 학제'가 여기에서 말하는 취지이다.

이렇게 된다면 만 15세에 국가에서 정한 기본적인 공공 의무 교육을 이수할 수도 있게 된다. 물론 여기까지의 모든 의무 교육 비용도 역시 국가가 부담해주는 정책이다.

고등학교를 갈 나이에 아이는 선택을 하게 될 것이다. 진로 탐색이 가능한 학교로 진학해 2년간 학점제를 이수한 후 대학으로 진학할 것인지, 아니면 본인의 적성에 맞는 직업학교로 진학하여 일찌감치 직업 교육 훈련을 받고 자신이 원하는 직장에 다닐 것인지를 선택하도록 도와주는 것이다. 어느 길을 선택한다 하더라도 성적순이 아닌 학점 이수 제도로 정해지기 때문에 별도로 학원을 다니거나 과외를 받는 지금의 사교육 현실을 되풀이할 필요가 없어지는 것이다. 진로 탐색 학교를 졸업하면 자격 고사인 대학수학능력시험을 통과하고, 학교생활기록부를 제출하면 면접을 통해 원하는 대학에 입학할 수 있게 된다. 직업학교를 졸업한 아이도 산업체에서 일정 기간 일을 하면, 대학수학능력시험을 대신하여 대학에 진학할 수 있는 자격이 주어져 본인이 원할 때 쉽게 대학에 진학할 수 있다.

대학은 아이와 비슷한 또래의 학생들뿐만 아니라 다양한 연령들이 함께 참여할 수 있는 평생학습 시스템으로 재편하여 학위를 수여하는 방식으로 진행시켜 나가는 것이 바람직하다.

이처럼 공공교육과 대학 교육을 분리함으로써 공교육을 정상화하고 창의 교육을 가능하게 하는 방법으로 의미 있게 바꾼다면 충분히 대학과 연결되는 학제의 혁명적 전환도 될 수 있을 것이다.

그러나 이러한 것들이 실행되기 위해서는 지금과 같은 전체 학제를 완전히 수정할 수밖에 없을 것이다. 고등학교를 별도의 체제로 분리해내야 하고, 나머지를 보통교육으로 묶는 것, 고등학교를 직업 탐색의 시기로 잡고 중학교 졸업 후 원한다면 직업학교로 갈 수도 있게 만들어야 하는 것이다.

이는 저자의 개인적이고 주관적인 의견이다.

지금의 사회적 현실을 관점으로 본다면 이와 같은 개편안에 대해 충분히 반대의 비판은 나올 수 있을 것이 예상된다. 특히 과다한 비용, 효능성에 대한 의심, 초등 입학 연령을 만

5세로 낮추는 문제, 4차 산업혁명과의 관련성 등 많은 이들의 우려 부분이 너무나 클 것이다.

그러함에도 불구하고 4차시대에 '미래 교육'은 미래적 관점에서 지금보다 강력하게 충분한 연구와 논의가 필요할 것으로 생각된다. 지금 우리의 교육으로는 미래가 불안하고 발전이 없을 것이기 때문이다.

앞에서 예로 들어 설명한 정책이 너무 과격한 변화라고 생각한다면 협의 및 합의를 통해 충분히 절충안도 도출될 수 있을 것이다. 우리가 이 시대에서 진정으로 바라보는 현상이나 진리로 여기는 것들은 따져 보면 '그 시대'의 구성원들이 합의한 해석들이다. 따라서 이제는 시대를 뛰어넘어 새로운 해석을 시도하고, 새롭게 관계 맺음을 해 나가야 하는 것이다.

정해진 답을 잘 외우는 것만으로는 앞으로 살아남기 힘든 세상이 된다. 창의적으로 사고하며, 인성을 배우고 타인과 협력하여 함께 문제를 해결하는 능력을 가르치는 것이 미래 교육 복지의 핵심 중의 핵심이다.

교육 외 또 하나의 복지 중 중요한 것이 고령화 사회에 대한 '노인 복지' 문제일 것이다.

지금의 정책보다 훨씬 강화되어 70세 이상의 소득 하위인 70% 노인들에게는 매월 30만 원 이상을 기초연금으로 지급하는 것이 필요하다.

노인 치매 등에 대처하는 보다 근본적인 의료 해결책을 위해 본인 부담 상한제 도입, 경증 치매 환자에 대해서는 국가에서 장기요양보험 혜택을 추가 지급하고, 치매지원센터를 지금보다 2배 이상 증설해 국공립 치매요양시설 확대 등을 추진해 나가야 한다.

치매 환자 간병 비용을 건강보험에 적용하는 것도 좋은 방안일 것이다. 필요에 따라서는 방문 요양, 주야간 보호, 요양기관 이용 등을 위한 장기요양급여 지원 대상을 확대하는 국가 복지안으로 만들고, 중증 장애인 등급제와 부양의무자 기준 제도까지도 국가가 기본으로 책임지는 것이다.

이밖에도 장애인 돌봄을 위한 수용 시설을 늘리거나 장애인 연금을 대폭 인상하여 건강주치의 도입, 장애인 재활 치료 및 체육 프로그램 보급 같은 복지 정책을 구현해 나가야 한다.

다양한 치료를 원스톱 서비스로 지원하는 방안을 국가적으로 추진하겠다는 의지가 중요하다.

또한 과학 기술 분야에서도 혁명적인 정부 조직 개편을 통해 각 부처에 흩어져 있는 연구개발 사업을 모두 모아 새롭게 편성한 정부 부처에서 통합 관리를 하도록 하는 것도 매우 필요하다.

4차 산업혁명이 급속도로 진전됨에 따라 각 분야별 예산안이 조정될 필요가 있음에도 불구하고, 부처 이기주의로 예산을 내놓지 않고 비효율적으로 낭비되는 사례가 점점 더 증가하는 수치를 보이고 있다.

특히 기초연구 분야에서는 현장의 연구자가 연구를 주도하고 정부에서는 제대로 지원하는 시스템으로 바꾸고, 응용연구 분야에서도 중소기업, 벤처기업의 제안을 지원해주는 쪽으로 대규모 바꾸어야 한다.

산업구조 개혁을 통한 미래 창업 혁명을 통해 정부는 창업기업의 성공 확률을 높이는 데 이바지할 수 있다. 실패하더라도 성실한 실패에 대해서는 재도전의 기회를 부여하는 안전산업 정책 방식으로 전환을 시켜야 한다.

중소기업들의 성공 확률이 낮은 이유 중 하나는 불공정한 시장 때문이라는 점이 크다. 빽이 실력을 이기는 세상에서는 아무리 노력해도 소용이 없다고 생각해 많은 중소기업들이 희망을 가지지도, 새로운 것에 도전하지도 않게 되는 현상으로 이어지게 되는 것이다.

결국 이런 문제로 경제는 활력을 잃고, 성장하지 못하여 결국에는 일자리도 만들어지지 않게 된다. 이러한 불공정한 경쟁 구조부터 빠르게 바뀌어 나가야 한다.

이처럼 미래의 공정한 사회와 경제 성장은 따로 떨어져 있는 것이 아니다. 공정한 복지를 바탕으로 전제되어야만 경제도 제대로 함께 성장할 수 있기 때문이다.

앞으로는 대기업과 중소기업이 상생하는 '생태계'를 함께 만들어 가야 한다. 지금과 같은 하위구조 기업이나 중소단위 하청 기업을 착취하는 모양새를 근절해야 할 것이다. 성장 가능성이 있는 중소기업과 독점 계약 체결을 통해 부가가치를 인정해주지도 않고, 고작 인건비 수준의 대금을 지급하면서 상생이란 이름을 붙인다면 이러한 잘못된 관행들로 발전도 비전도 없는 파국 세계가 만들어질 것이 분명하다.

그러나 바른 복지와 공정한 사회를 위한 노력들이 결실만 맺어간다면, 우리가 맞이할 미래 사회에서는 어느 곳곳이나 활력이 넘치는 개인과 기업들이 우뚝 설 수 있게 되어 더욱 부강한 나라로 거듭날 수 있을 것이다.

 Trigger the Passion

대한민국의 국력은 이미 세계가 놀라는 수준으로 성장을 했다. 물론 안보 상황이 유동적이고 불확실하지만, 국력을 바탕으로 할 수 있다는 의지(意志)를 가지고 키우며 실천해 나가고 있다. 그러기에 이와 같은 미래의 도전들을 추가적으로 더 잘 해낼 수 있다고 믿는다. 공동의 이익과 가치를 추구하여 더욱 발전시키기 위해 노력하고, 안보 역시도 우리 스스로 힘을 기르고 남에게 의존하지 않는, 스스로 개척해나가는 본질적 노력들을 해 나갈 때, 과거를 청산하고 미래에 한 발 더 나아간 대비를 위한 대장정의 설계를 할 수 있을 것이다.

　우리는 지금 누구보다도 미래의 변화를 원하고 있다. 많은 어려움에 따른 시급한 문제와 현실들이 혁명 과제로 남아 있지만, 4차 산업 시대의 거대한 파도들은 이미 몰려온 상황이다.

　이제 변화는 당신과 나의 선택적 문제가 아니라 생존을 위한 필수가 되어 버렸다. 이 변화를 이끌어야 하는 것은 미래를 향한 우리의 시대정신일 것이다.

　최근의 예를 들자면 우리나라는 세월호, 메르스, 여러 부패성 게이트 등 전대미문의 사건들로 인해 국가의 올바른 방향성과 존재성을 해치며 심한 몸살을 앓았다. 아직은 많은 사람들이 아파하고 힘들어 하며 관계 기관들도 그 역할들을 다하지 못하고 있다.

　각자가 미래의 지성인의 한 사람이라고 생각하고, 나부터 이러한 문제를 두고 스스로 다시 질문하는 시간이 필요하다. 이러한 현실이 미래에는 다시 없기를 바라는 바 역시 우리 모두 같은 마음이기 때문이기도 하다.

  미래에서 복지의 역할은 사람의 생명과 안전, 재산과 인권을 보호하는 것으로 끝나지 않으며 다시 재탄생될 것이다. 정직하고 성실하게 노력하면 잘 살 수 있는 기회가 보장된 나라로 만들어져야 하므로 금과옥조(金科玉條)로 여기는 인간의 자존감, 존엄을 지키는 공정, 자유, 책임의 가치를 바탕으로 미래의 길을 만들어 모두의 비전인 '함께 잘사는 정의로운 시대'를 기필코 만들어야 할 것이다.

  우리가 바라보는 현상이나 진리, 그 모든 것을 포함해 이제 우리는 '과거와 현재의 시대'를 뛰어넘어 새롭게 해석하고 새로운 관계를 맺는 것이 필요한 시기다. 미래 경제적 관점에서도 "미래의 사양 산업은 없다."라는 마음으로 상황을 넓게 해석하고, 새로운 영역을 개척하는 데 두려움이 없어야 진정한 성공적 산업혁명이 펼쳐질 것이다.

  미래는 진정 쇠락하는 시장이 아니라 성장하는 시장이다. 나를 우뚝 위치시킬 수 있도록 노력하고 준비해 나가야 한다. 망하고 쇠함을 지혜롭게 예측할 수 있어야 하고, 흥하고 성하는 것을 미리 내다볼 수 있도록 학습하고 더욱 노력해야 한다.

  지금은 잘 나가고 있지만 미래 앞으로 문제가 생길 수 있는 분야에는 지금부터 그만큼 정성의 시간과 돈, 에너지를 투입하여 미래에는 바보 같은 짓들을 반복하는 것을 피해 나가야 한다.

당신은 지금부터 어떤 분야가 미래의 유망 분야로 여겨지는지, 그곳에 어느 정도 투자할 것인지도 고민하고 함께 결정해야 할 것이다.

미래를 준비하는 일은 기수가 말을 선택하는 것에 비유할 수 있을 것이다. 그것은 아무리 뛰어난 기량을 가진 기수라 하더라도 심한 절름발이 말을 타고선 우승을 기대할 수 없으며, 반면에 당장에 기량이 약간 떨어지는 기수라 하더라도 혜안으로 명마를 잘 선택할 수 있다면 앞으로 좋은 성적을 거둘 가능성이 한층 높아지기 때문이다.

그렇다고 무리해서 억지로 자신이 세운 기준선을 넘는 것은 위험하다. 미래를 준비하는 사람은 하루하루 쌓아 가는 작업을 하는 사람일 것이다. 축적을 통해 그 성과가 드러나도록 해야 하며, 그러기까지는 물론 적지 않은 시간이 걸린다.

"공든 탑이 무너지랴."라는 옛말이 있다. 그러나 그 가능성은 분명히 존재하는 것이 사실이고, 아무리 공들여 쌓은 탑이라도 외부 환경의 변화 이외에 내부 요인에 의해서도 얼마든지 무너질 수 있음을 기억해야 한다.

미래를 준비하는 사람이라면 발생 가능한 위험을 적극적으로 관리할 수 있어야 할 것이며, 미래에 부와 명성을 쌓는 것은 적어도 10년, 20년의 긴 시간들이 필요하다는 진리도 잊지 말아야 한다.

한꺼번에 이 모든 것을 가지는 데 성공한 사람이 있고, 목표를 이루는 데에 조금 빠르게 보이는 그럴듯한 흑색 조건들이 유혹을 해도 자신이 세운 그 선을 넘지 않겠다는 부분을 명심하는 것이 중요하다.

이를 엄격하게 일상의 삶에 적용하고 특히 도덕적, 윤리적 기준을 자신에게 강하게 적용하는 일들이 무엇보다 꼭 필요하다. 여기서 도덕적 기준은 합법을 넘어서는 기준이다. 다시 말해 열심히 미래를 준비하는 사람이라면, 사소한 실책으로 자신이 이룬 모든 것을 한꺼번에 잃을 수 있는 위험에 노출되지 않도록 항상 조심을 해야 한다는 것이다. 자신만의 행동 가이드를 가지고 미래에 대한 준비를 착실히 쌓아 가야 한다.

때로는 질투와 시기 등 인간의 본성 가운데 항상 존재하는 악마적 속성들 때문에 다른 사람의 눈에 조금이라도 비난받을 수 있는 가능성이 있거나 불법으로 간주될 수 있는 정당하지 못한 일이라면 그 무엇과도 거래(deal)해서는 안 될 것이다. 이는 미래 사회에서도 명심해야 할 '불변의 원칙'이다.

다가올 미래를 위해 우리는 '열정역'에 자신을 정차시켜야 한다. 잃어버릴 것도 많은 시대임을 인지하고, 자신이 준비해 나가야 할 본분을 잊지 않도록 노력하고 또 노력해야 한다.

미래의 '열정'은
품는 것이 아니라 만들어 내는 것이다

당신의 열정은 품는 것이 아니라 만들어내는 것이다. 미래의 제4시대에도 인간에게 열정은 물, 불, 바람, 흙만큼 중요한 요소가 아닐까 싶다.

인간의 생명력을 유지하게 해 주는 다섯 번째 원소로 열정을 꼽는다면 지나친 말일까?

나는 이번 책을 준비하는 동안 오쇼 라즈니쉬Rajneesh Chandra Mohan Jain의 『탄트라 비전』을 머릿속에 늘 생각하며 지냈다.

인도인들의 정신적 스승인 오쇼 라즈니쉬는 그의 책에서 "죽어서도 살아 있는 사람이 있는가 하면, 살아서도 죽은 사람이 있다."고 했다.

내 생각에 "살아서도 죽은 사람"이란 바로 열정이 없는 사람을 일컫는 말이 아닐까 싶다. 내가 이처럼 '열정'을 주제로 한 권의 책을 쓸 수 있었던 이유도 그 때문이다.

누구나 알 만한 유명 기업에서 성공적인 콘텐츠 기반 사업 기획자라는 자리를 과감히 내던지고 나올 때도 나는 고민은 있었지만 두려워하진 않았다.

그것을 이룰 수 있었던 것은 바탕의 '열정' 덕분이었다. 열정 하나만을 생각하며 나는 살아있고, 나의 삶을 만들어가는 깨어있는 사람이 될 수 있다는 자신에 대한 믿음이 있었다.

시련은 나를 오히려 단단하게 해 줄 것이라는 생각으로 스스로 안주보다는 도전 쪽으로 나를 이끌어갔다.

수많은 사람들을 만나면서 '열정역'에 나를 정차시킨다는 것의 의미와 미래의 성공은 단순한 숫자 싸움을 통해 확률로 만들어지는 것이 아니라 관심 있게 열망하는 열정이 사람과 세상을 어떻게 변화시키는지 목격한 이야기들을 통해 만들어져 간다는 것을 내 목소리로 들려주고 싶었다. 또한 남들이 모르는 마케팅 분야에 대해 내 방법대로 새로 한 번 써보고 싶었다.

결국 내 선택이 옳았다고 본다. 나의 노력과 이론이 전부는 아니겠지만, 나는 오프라인 교육업에서 온라인 교육 쪽으로 업을 옮겨 4년 만에 시장 99.8%의 성공 점유율을 경험해 보았다. 가까운 미래에도 열정을 갖고 살아간다면 불안을 가질 필요도, 걱정을 할 필요도 없다고 생각한다. 그저 당당하고 만족스럽게 인생을 살아가라고, 부디 진정으로 살아 숨 쉬는 사람이 되어 보라고 말하고 싶다.

그것은 중요한 순간에 사람을 평가하는 중요한 잣대가 되기도 한다. 기업에서 신입사원을 면접할 때, 부모가 자식의 배우자가 될 사람의 됨됨이를 평가할 때, 또는 학교에서 학급 반장을 뽑을 때도 이 책이 도움 되기를 바라본다.

　그렇다. 누구나 열정적인 사람이 되고 볼 일이다.

　그러나 열정은 타고나는 것이 아니다.

　열정이란 우리들 각자가 자신의 주인이 될 때에만 생겨난다. 그러니 누구는 태생이 열정적이고 낙천적이라거나, 누구는 우울하고 비관적이라고 말하는 것은 당신의 잘못된 생각이다.

　누구든 마음만 먹으면 스스로 없다고 포기한 열정을 찾을 수 있다. 실패하면, 좌절하고 세상을 향해 악담을 퍼붓기 마련이지만, 그럴수록 자신과 타인에 대한 미움만 커질 뿐이다.

　전화위복(轉禍爲福)이라는 말은 고난의 시기를 잘 다룰 줄 아는 사람에게 해당되는 말이며, 그렇지 못한 사람에게는 그저 허망한 거짓말일 뿐이다.

　신은 인간에게 모든 가능성을 열어두었다고 생각한다. 그러나 정작 인간은 자신만의 좁은 시야로 모든 가능성을 재고 자르며 산다. 분명히 있는데도 없다고 고집을 부리는 것이다.

　나는 그런 사람들을 위해 '척하기 방법'을 앞에서 제안했었다. 어떤 사람처럼 되고 싶을 때 이미 그 사람이 된 것처럼 행동하면 미래에는 실제로 그런 사람이 될 수 있다.

미래를 준비하는 사람이라면, 내면을 열정으로 무장하고 미래의 자신의 행복하고 안락한 모습을 머릿속으로 상상해 놀라운 경험들을 현실로 만들어 가기 위해 노력하길 바란다.

아울러, 열정을 만들기 위한 가장 중요한 방법은 인생에서 무엇이 가장 소중한지, 그것을 이루기 위해 무엇을 해야 하는지 늘 되돌아보고 다짐하는 것이다.

미래를 위해 자신의 목표를 되새기고 목표에 도움이 되는 생각과 실천을 준비하노라면 자신도 모르게 '열정적인 사람'이 된다.

집에서도, 일터에서도 마치 무대에 오른 로커(rocker)처럼 리듬에 맞춰 온몸을 흔들며 집중하고 몰두하면 주변 사람들에게까지 열정을 퍼뜨리는 열정가가 될 수 있음을 한 번만 더 기억해 주길 기도한다.

> 거리의 청소부라고 불리는 사람은 미켈란젤로가 그림을 그리거나, 베토벤이 작곡을 하거나, 셰익스피어가 시를 쓰는 것처럼 거리를 청소해야 한다. _마틴 루터 킹 Martin Luther King

무슨 일을 하느냐가 아니라 그 일을 어떻게 하느냐가 중요하다는 것이다.

학생, 직장인, 요리사, 음악가, 학자, 노동자, 부모, 조직의 리더 등 모든 사람들이 이 책을 통해 열정을 품고 자신을 '열정역'에 정차시켜 작심삼일의 법칙을 깨어가며 미래를 준비해 나가길 바란다.

하루하루 열정을 다해 살아가는 것, 이것이 진정 제4차 산업혁명 시대를 맞이하는 현재 우리의 자세이자 미래에 훌륭한 이름을 얻게 될 인재로서의 자세이기도 한 것이다. 물론 국가의 충분한 뒷받침도 있어야 할 것이다.

마침.

나는 늘 새로운 관점으로 세상을 바라보고자 노력한다. 글로벌 세력들과 만나서 미래 세상의 현장 상황에 대한 지식을 나눌 때가 나는 더없이 행복하다.

벌써 2년 전 일이다. 한반도 정책 연구 세미나에 초청받아 한국에 갔을 때 만났던 CRAIG H. MCKLEIN(홍승훈)이라는 이름은 평생 절대로 잊을 수 없을 것 같았다.

나와 직접적인 관계나 교우가 없었음에도 그에게 메일 한 통을 받고, 나는 그 메일을 내내 서서 읽었다.
한국의 통찰력 있는 사람들과 만나 이야기도 많이 나누어

보았지만 나까지 건강한 직관력을 얻을 수 있도록 세상의 변화를 잘 설명한 이는 없었다.

처음에는 한반도라는 이 작은 나라에 이처럼 미래적 통찰력을 가진 사람이 있었나 하는 생각에 그저 놀랍고 감사한 생각이 들었다. 그를 만났을 때 그처럼 해박하고 바르게 한국의 미래를 예견하는 사람을 또 볼 수 있을까 두 번 놀랐다.

그리고 2년 뒤 그에게 서툰 필기체로 적은 300페이지 분량이 되는 이 책의 초고를 받아보았다. 오로지 내 의견을 듣고자 이 긴 글을 영문으로 하나하나 써주었을 그의 '열정'에 박수를 보내며 기쁜 마음으로 한 줄 한 줄 읽어 내려갔다.

자신의 인생에 대하여 절대로 실망하지 말고 패배했다고 자포자기 하지 말라는 말들은 인생을 살면서 수천 번은 듣고 말하게 되는 보편적인 것들이라 식상하다. 어렵게 살아도 빠져나갈 수 있는 길은 늘 있고, 어떤 어려움이라도 헤쳐 나갈 수 있는 길은 있겠지만, 미래에 그것을 어떻게 행할 것인지 결정적인 동기 부여가 필요하다.

이 책은 경제학과 공학 그리고 행정학 전공자보다 더 실질적인 이야기들을 융합 형식으로 표현해 주었다. 무엇보다도 인간이 앞으로 미래에도 잃지 말아야 할 자존감을 높이는 돌파구로 '열정역'이 무엇인지 기가 막히게 표현을 했다.

다른 사람이 해낸 것이라면 당신도 해낼 수 있다는 이야기를 하면서, 자아를 통해 예언자처럼 미래를 아우르고 그의 장점인 창의적이고 직관적인 통찰력으로 이 방법을 실행할 수 있는 논리들을 뒷받침해 토씨 하나도 틀리지 않게 책에 써 넣었다.

최대한 쉽고 친절하게 사람들에게 설명하려고 애쓴 그의 노력과 고증한 흔적들이 내용 안에 많이 보였다.

여러 전문가들이 미래를 승리로 바꾸기 위하여 사용했던 전략들의 공식과 방법과는 또 달라서 그 점이 특히 좋았다. 그답게 시대의 한계적인 부분을 정리해 각 페이지마다 적절하게 잘 정리를 해 놓은 것을 무엇보다도 칭찬하고 싶다.

미래를 정확하게 바라보는 것은 그 누구도 불가능하다. 그래서 미래를 보는 안목은 사람마다 제각각 조금씩 다를 수 있고, 그 예상치도 그것에 준하여 많이 달라진다.

따라서 그 점에 관하여 기본 요소들을 각 요소 사이의 상호 연관성을 고려해 펼쳐 놓아주는 게 전문 학자로서의 능력인 것이다.

그가 이 책에 제시한 미래의 모델들은 바로 그런 능력을 제공하고도 남을 정도다. 과거와 현재, 현실을 잘 파악했고 올바

른 방향을 선택하여 그 기본을 인간의 '열정'으로 푼 것은 창
의적이고 재미있는 발상이다. 정말 오래간만에 글을 통해 즐
거움을 느꼈다. 이 300페이지 이상의 문장들은 내가 반세기
동안 수없이 써온 미래 전략서들의 기본 원칙을 다시 한 번
생각하고 새로 해석할 수 있도록 영감도 주었다.

　미래의 상황이 시대의 정신으로 변할 시기마다 세계의 많
은 학자들은 이와 같은 글들을 정리해 세상에 던진다. 그가
직시한 세상은 책 속 질문에서도, 예지하는 글에서도, 그의 담
담한 필체 속에서도 살아서 표현되고 있다.

　나는 이 책을 이번 9월에 뉴욕에서 열리는 전 세계 미래 학
자들이 모이는 학회에서 소개하려고 한다.

　정보를 얻는 기쁨을 얻고 다시 한 번 나의 통찰력을 기르기
위해, 나를 사랑하기 위해 또 다가올 미래를 준비하기 위해
이 책을 읽어 보길 진심으로 추천한다. 읽어보면 공감이 가고
어렵지 않으며, 에피소드로 풀어 놓았기에 이해하기 편할 것
이다.

　한국인들이 이 책을 통해 신(新) 산업혁명이자 책의 표현대
로 '제4시대'를 더 나은 시간으로 이끌고 나아갈 수 있기를 진
심으로 바라고 응원한다.

나는 진정으로 한국을 사랑한다. Craig H. McKlein에게 안부와 감사를 전하며 한국에서 그를 만나기를 기대해 본다.

영국에도 이 책을 출간해 주기를 개인적으로 희망하며 이 글을 마친다.

_미래학자
벤자민 워렌 버틀러

I have always tried to look at the world with new point of view. I have been happy when sharing knowledge about the future world with global intellectuals.

It's been two years since I first heard his name, Craig H. McK-lein (Seung-Hoon Hong) during my visit to Korea to participate in the Korea Peninsula Policy Research Seminar. His name has remained in my mind for quite some time since that day. Even though I did not have any relationship with him before, I read through his e-mail at one go.

I have talked a lot with people having insight of Korea. However, he was the first person who could explain change of the world based on such brilliant insight. At first, I was extremely amazed that there was someone with this futuristic insight in this small country. Then, I was so happy to meet someone who can anticipate Korea's future with wide knowledge.

Two years later, I received the 300-page draft of this book. I applauded his enthusiasm for writing this long article in English only to hear my opinion and gladly read it down a line and a line.

People are sick of the same old stories such as "Do not be disappointed in your life", "Do not despair that you are defeated." Everyone knows that there is always way to get through no matter how difficult matters we are facing. However, we need a decisive motivation for how to do it in the future.

This book has expressed more practical stories than economics, engineering, and politics majors in syncretism format. Above all, this book describes perfectly what 'passion station' is that human beings should not lose in the future. This book tells that when other people accomplished something, you can also achieve something. With his creative and intuitive insights, he supported the logic of implementing this method and expressed it in this book.

I can see his effort and historical traces in the contents that the person tried to explain more kindly and easily for many people. In order for various experts to change future to victory, I was especially happy when formulation of used strategies and methods are different. I would like to praise an excellent summary of limited part about era in each page appropriately.

It is impossible for anyone to precisely predicting future. So, discerning eye looking at the future can be different for any people the expectation can be also various according to it. Therefore, unfolding basic component about the point by considering mutual intersection of each component difference is an ability of professional scholars. Model of the future that the person suggested in this book has enough abilities to spare. The person has identified past, present, and future's models and by selecting honest direction, it has been a creative and funny idea and thinking when solving the basic to human's passion. It has been a long time I greatly felt joyfulness through the words. The sentences above 300 pages has inspired me to rethink basic principles of future strategy that I have written a lot for half century and newly interpret. When the future situation has been changed with spirit of era, many scholars around the world have thrown summarized words like the book to the world. The world that the person faced has been described in questions of this book, prognosticating words, and living with his composed script.

I would like to introduce this book in the upcoming conference for the futurologists around the world that will be held in New York in September.

In order to obtain happiness when getting information and raise my insight one more time, and to love me, I recommend you to honestly read this book to prepare upcoming future. When you read, you will have empathy and not face difficulty. And, it is easily to understand due to solved episodes.

Through this book, I truly desire and cheer for Koreans with description of this book and new industrial revolution leading 'fourth generation' with more good time.

I truly love Korea. I would like to give my gratitude and wish to meet Craig H. McKlein in Korea. I personally hope to publish this book in England.

_Futurologists

Benjamin Warren Butler

| 감사의 글 |

이 책이 나오기까지 직간접적으로 공헌한 모든 분들에게 감사의 인사를 드린다.

책을 만드는 과정에서 헤아릴 수 없이 소중한 지지를 보내주신 나의 아버지.
개념을 만들고 글로 옮길 수 있도록 격려해 준 나의 아내.
세상에 하나뿐인 동생 홍승룡.

이 책이 만들어지도록 기여해 준 백다인 편집자님.
주요 내용의 분석을 도와준 기획 마케터 캐롤라인.

나의 영적인 멘토이자 멀리 영국에서 서문까지 보내주신 미래학자 벤자민 워렌 버틀러 교수님.

나의 지원 그룹 케이 헬머스와 케슬린 헬머스, 윌리엄 클렘과 메리 클렘, 베리 웨이크먼 박사, 존 칼로 박사, 체스터 박사.

젤리판다 출판사의 에드 맥퍼슨, 마이크 코스타, 존 칼로, 로버트 브로디, 마렌 클락, 도티 디하트, 이반 카터, 테오도르 스미스.

이 분들이 계시지 않았다면 좁은 전문적 식견에서 벗어나 열정의 메시지로 나를 변화시키며 미래의 모험을 이야기하지 못했을 것이다.

이 책은 관련된 모든 분들의 진정한 노력과 헌신이 있었기에 가능했다.
다시 한 번 모두에게 머리 숙여 감사를 전한다.

우리는 탁월한 성공을 거둔 사람들이 쓴 책을 읽으면서 대부분 그들이 '어떻게' 행동했기에 성공할 수 있었는지에 초점을 맞춘다.

또는 수많은 이론으로 무장한 자기계발서를 보면서 감탄과 부러움을 금치 못하며 거의 무의식적으로 '나도 그렇게 해봐야지.'라고 생각한다.

『제4시대, 열정역』을 읽는 분들에게 통합적인 사고와 행동하는 관심을 강조하고 싶다.
더불어 아래 내용을 함께 기억해주길 바란다.

① 열정을 유지하는 능력
자신의 열정역을 만들어야 한다.

② 공감하는 능력
마음을 움직일 수 있어야 한다.

③ 압박감을 통제하는 능력
긴장을 즐겨야 한다.

④ 관심으로 실행하는 능력
행동력을 발휘해야 한다.

⑤ 정리하는 능력
일을 마무리해야 한다.

⑥ 감탄하는 능력
와우 점수가 높아야 한다.

⑦ 폭넓은 시야를 확보하는 능력
호기심을 가져야 한다.

⑧ 낙천적이며 위트를 만드는 능력
유머가 넘쳐야 한다.

⑨ 미래 속 시간의 문제를 해결하는 능력
새로운 기술을 반드시 익혀야 한다.

초판 1쇄 발행일 2019년 8월 29일

글	크레이그 맥클레인 (Craig H. Mcklein)
감수	이우현
펴낸이	티아고 워드 (Tiago Word)
펴낸곳	출판문화 예술그룹 서런(SeouLearn)
기획 편집	이송이, 김승율, 테오도르 스미스 (Theodore Smith)
디자인	이혜미
마케팅	캐롤라인 도로시 (Caroline Dorothy) 권현주
출판등록	2017년 3월 14일(제2017-000033호)
주소	서울특별시 영등포구 경인로 775 에이스하이테크시티 1동 803-22
전화	070-7434-0320
팩스	02-2678-9128
블로그	blog.naver.com/jellypanda
인스타	www.instagram.com/publisherjellypanda (@publisherjellypanda)
ISBN	979-11-90252-00-3 (43300)
정가 15,000원